NOUVEAUX
REGLEMENS

ACCORDEZ AUX DIRECTEURS, CORPS & Communauté de l'Académie de Saint Luc, des Arts de Peinture, Sculpture, Gravûre, Dorure, Marbrerie, Desseins lavez de coloris sur toutes sortes de Papiers, Toiles, Canevas & autres choses sur lesquelles le Pinceau peut & doit employer de la couleur, soit en huile ou en détrempe, dans l'étendue de la Ville, Fauxbourgs & Banlieue de Paris.

Imprimez à la diligence de Messieurs LOUIS DE FONTAINE, JACQUES ADAN, JEAN-BAPTISTE PITOIN, *&* NICOLAS-CLEMENT BENOIST, *Directeurs-Gardes en Charge.*

A PARIS,
De l'Imprimerie de J. B. LAMESLE, rue vieille Boucleric, à la Minerve.

M. DCC. XXXVIII.

NOUVEAUX REGLEMENS

ACCORDEZ AUX DIRECTEURS, CORPS & Communauté de l'Académie de Saint Luc, des Arts de Peinture, Sculpture, Gravûre, Dorure, Marbrerie, Desseins lavez de coloris sur toutes sortes de papiers, toiles, canevas & autres choses sur lesquelles le Pinceau peut & doit employer de la couleur, soit en huile ou en détrempe, dans l'étendue de la Ville, Fauxbourgs & Banlieue de Paris.

UPPLIENT très-humblement LE ROY, de vouloir bien leur accorder en interprétation & confirmation des Ordonnances, Statuts, Reglemens & Privileges, anciennement octroyez à leur Communauté, & contenus és Registres du Châtelet de Paris, autorisez & augmentez par les Rois Henri II. le 4. Mai 1548. Henri III. le 22. Novembre 1582. Louis XIII. en Avril 1622. & reconnus par l'Arrêt du Conseil d'Etat du 27. Septembre 1723.

ARTICLE PREMIER.

Tous les Maîtres de la Communauté ne faisant qu'un même Corps avec l'Académie de Saint Luc, seront réputez Membres d'icelle, & jouïront en cette qualité de tous les prérogatives & privileges attachez à ladite Académie.

ARTICLE II.

Nul ne poura se dire & être censé Maître de la Communauté & Membre de l'Académie de Saint Luc, qu'il n'ait été reçu & reconnu pour tel par les Directeurs Gardes, Anciens & autres Maîtres, assemblez à cet effet en la maniere accoutumée, & qu'il n'ait prêté serment en la présence de M. le Procureur du Roi au Châtelet de Paris, & pris de lui des Lettres de Maîtrise, après néanmoins avoir justifié être de bonnes vie & mœurs, & professer la Foi & Religion Catholique, Apostolique & Romaine.

ARTICLE III.

Pourront & auront seuls lesdits Maîtres ainsi reçus la faculté d'exercer dans toute l'étendue de la Ville, Fauxbourgs & Banlieue de Paris, lesdits Arts de Peinture, Sculpture, Dorure & Marbrerie, faire & fabriquer à la plume avec encre ou crayon, au pinceau, à huile, à fresque, détrempe & en pastel, tous Desseins lavez ou non lavez, Tableaux, Portraits, Ornemens, Miniatures, Grisailles, Camayeux, Mosaïques, & généralement tous Ouvrages de Peinture sur papier, carton, vélin, toile, canevas, étoffes, métaux, pierre, marbre, cailloux, agathes, lapis, yvoire, émaux, cristaux & autres matieres.

Tous Ouvrages de Sculpture, Figures, Bustes, Ornemens en marbre, pierre, bois, yvoire, &c. taillez au ciseau, modelez, jettez en fonte, cuivre, plomb, étain, &c. ciseler les susdites matieres, mouler en cire, plâtre ou carton, comme il a été d'usage ci-devant.

Faire tailler tous Ouvrages appartenans à la Marbrerie, comme Tables, Chambranles, Cheminées, Foyers, Cuvettes, &c. en marbre, pierre de lierre & autres, défenses à tous les Maîtres de ladite Communauté de vendre aucune qualité de marbre l'une pour l'autre, ni de travailler aucuns travers de chambranle, tables, tablettes en délit, attendu que ce feroit tromper le Public, à peine d'amende arbitraire, moitié au profit de l'Hôpital, l'autre moitié au profit des Gardes.

Dorer d'or en feuille, argenter d'argent moulu, & bronzer toutes fortes d'ouvrages & ornemens, à la colle, à huile & au verni feulement, mais non au feu, fur fonte, cuivre, ou métaux.

ARTICLE IV.

AURONT droit lefdits Maîtres de vendre & débiter tous les fufdits Ouvrages, tant en la Ville de Paris, que dans toute l'étendue du Royaume, & Païs Etrangers même.

Pourront auffi lefdits Maîtres faire commerce dans tous lefdits lieux, de tous autres Ouvrages de pareille efpece, faits & fabriquez par des Maîtres de toutes Nations, anciens ou modernes, foit en les achetant dans ladite Ville, foit en les faifant venir de dehors, & en les y envoyant.

ARTICLE V.

SERONT pareillement en droit les Maîtres defdits Arts, & leurs Veuves, d'apprêter, fabriquer, vendre & débiter les Toiles, couleurs à huile & en détrempe, crayon, encre de la Chine, pinceaux & autres matieres, & inftrumens à l'ufage des Peintres & Sculpteurs, fans qu'ils puiffent être inquiétez ni traverfez à raifon de cette fabrique, dont ils ont joüi de tous tems.

ARTICLE VI.

DE'FENSES à tous Particuliers fans qualité & non reçûs Maîtres de ladite Communauté, de s'immifcer de travailler defdits Arts de Peinture & Sculpture, Gravûre, Dorure & Marbrerie, en aucuns des ouvrages en dépendans, pour en tirer rétribution ou en faire commerce, & de vendre, débiter, colporter par eux-mêmes, ou de faire vendre, débiter, colporter par d'autres, dans la Ville, Fauxbourgs & Banlieue de Paris, aucuns defdits ouvrages énoncez ci-deffus, qui auroient été fabriquez, foit par lefdits Maîtres, foit par d'autres Maîtres Anciens ou Modernes, tant du Royanme que d'autres Païs, & ce, à peine de confiſcation & mille livres d'amende contre les Contrevenans, de laquelle un tiers ſera appliqué au profit des Directeurs-Gardes de la Communauté de Peinture & Sculpture, un tiers à ladite Communauté, & l'autre tiers au Dénonciateur.

ARTICLE VII.

N'AURONT néanmoins lieu les défenſes & prohibitions ci-deſſus, au préjudice de l'Académie Royale de Peinture & Sculpture, & de ſes Membres, aux uſages & privileges de laquelle, autoriſez par Lettres Patentes & Arrêts, ne ſera dérogé par les préſens Statuts.

ARTICLE VIII.

N'AURONT lieu pareillement leſdites prohibitions à l'égard du Corps des Marchands Merciers de cette Ville de Paris, auſquels ſera loiſible, conformément à leurs Statuts, de vendre & de débiter tous Tableaux, anciens & nouveaux, & autres Ouvrages de Peinture, Sculpture, Dorure & Marbrerie, ſans néanmoins pouvoir faire deſſiner, tailler, peindre & dorer aucuns deſdits Ouvrages en leurs maiſons ni ailleurs dans cette Ville & Faux-bourgs de Paris, que par les Maîtres de la Communauté des Peintres, Sculpteurs, Doreurs & Marbriers.

ARTICLE IX.

POURRONT auſſi les Maîtres Evantailliſtes peindre ſur étoffes, papier, bois, yvoire, os, écaille, baleine, buis, & autres matieres de quelque nature que ce puiſſe être, qui peuvent entrer dans la compoſition de l'Evantail, même les feuilles ſervant à leurs Evantails ſeulement, ainſi qu'il eſt porté par les Statuts de leur Communauté, & ne leur ſera permis de travailler aucun autre Ouvrage de Peinture & Sculpture.

ARTICLE X.

NE pourront les Maîtres Maçons, Charpentiers, Menuiſiers, Selliers, Caroſſiers, Charons & autres, entreprendre en quelque maniere que ce ſoit, ſur leſdits Arts de Peinture, Sculpture

& Dorure, & faire par eux-mêmes ou faire faire par d'autres que par les Maîtres à ce autorisez par les présens Statuts, aucuns Ouvrages dépendans desdits Arts, à peine de mille livres d'amende, applicable un tiers à Sa Majesté, un tiers à la Communauté & Académie de saint Luc, & un tiers au Dénonciateur.

ARTICLE XI.

SERA permis à tous Bourgeois de travailler de leurs mains aux Ouvrages desdits Arts, mais pour leurs usages seulement, & non pour en faire aucune vente ni commerce; leur sera pareillement permis, pour l'ornement & embellissement des Maisons où ils sont demeurans, de faire travailler à leurs journées des Compagnons, en leur fournissant, par eux & à leurs dépens, les matieres, outils, & ustenciles nécessaires; & seront obligez en ce cas, & lorsqu'ils en seront requis, d'affirmer qu'ils ont fourni ausdits Compagnons lesdits matieres, ustenciles & outils, à peine de pareille amende que dessus.

ARTICLE XII.

NE sera loisible aux Fondeurs, Potiers d'étain, Plombiers & autres, de faire par eux-mêmes, ou faire faire par des Sculpteurs sans qualité & non reçûs Maîtres en cet Art, aucuns Desseins ou Modeles de figure, ornemens, & autres Ouvrages de Sculpture, à peine d'une amende de cinq cent livres, appliquable comme dessus, & de confiscation desdits Ouvrages.

ARTICLE XIII.

N'AURONT aussi la faculté les Marchands Epiciers, Ciriers & autres, de mouller, contremouller, & peindre aucuns modeles & Ouvrages de Sculpture, ni se servir à cet effet d'autres que des Maîtres de la Communauté des Peintres & Sculpteurs, & ce sous les mêmes peines énoncées en l'Article ci-dessus.

ARTICLE XIV.

DE'FENSES sont faites sous les mêmes peines à tous Savoyards, Revendeurs, Colporteurs, & autres sans qualité, de vendre & débiter dans la Ville & Fauxbourgs de Paris, aucuns Tableaux,

Figures, & autres Ouvrages de Peinture & de Sculpture.

ARTICLE XV.

LES Jurez-Crieurs, Officiers de grandes Maisons, Comédiens, Entrepreneurs de Spectacles & Représentations publiques & autres, ne pourront peindre ni faire peindre, sculpter ou graver, & dorer par autres que par les Maîtres desdits Arts de Peinture, Sculpture, Gravûre & Dorure, aucunes Armes, Banderolles, Figures, Architectures, Paysages, Fleurs & ornemens, & autres Ouvrages dépendans desdits Arts, pour Pain à benir, Litres funéraires, Mauzolées, Décorations de Théatre, Arcs de Triomphe, Feux d'artifice, & autres cérémonies, à peine de confiscation & d'amende arbitraire.

ARTICLE XVI.

LES Huissiers-Priseurs ne pourront se charger par quelque voye que ce soit, ni prendre des mains d'aucuns Marchands forains, Compagnons, Chambrelans, Brocanteurs & autres, non pas même des Maîtres de la Communauté, aucuns Tableaux, Figures, & autres Ouvrages anciens ou modernes, de Peinture, Sculpture, Gravûre & Dorure, pour les mettre en vente publique, volontaire ou judiciaire, & ne leur sera permis d'y exposer, crier & adjuger que ceux qui auront été compris dans les Inventaires, ou dont la vente aura été ordonnée par Justice, en conséquence de Saisie, sous les mêmes peines de confiscation desdits Ouvrages, & d'amende arbitraire contre lesdits Huissiers, conformément aux Arrêts du Parlement rendus contre lesdits Huissiers-Priseurs, des années 1685. & 1721. à moins qu'aux termes dudit Arrêt de 1685. il n'en ait été autrement ordonné par le Prevôt de Paris, ou son Lieutenant Civil.

ARTICLE XVII.

LADITE Communauté des Maîtres Peintres, Sculpteurs, Graveurs, Doreurs, Marbriers, & Académie de Saint Luc, s'étant mise de toute ancienneté sous la protection de la sainte Vierge, de saint Luc, & de saint Jean à la Porte Latine, continuera les exercices de piété qu'elle a coutume de faire en l'Eglise & Cha-

pelle

pelle de Saint Luc, ci-devant appellée Saint Simphorien en la Cité, & ce en conséquence du Décret accordé à ladite Confrairie par Son Eminence Monseigneur le Cardinal de Noailles, en datte du 24. Juillet 1704. & toujours en conformité d'icelui, laquelle Chapelle appartient aujourd'hui à ladite Communauté, & a été par elle acquise le 3. Mai 1704.

ARTICLE XVIII.

Les Maîtres & Confreres y feront les dévotions accoutumées & y rendront le Pain à bénir chacun à leur tour tous les Dimanches de l'année, Fêtes de la Sainte Vierge, & Fêtes de Saint Luc & de Saint Jean à la Porte Latine, leurs Patrons, sans qu'aucun desdits Maîtres puisse s'en dispenser pour quelque cause & prétexte que ce soit, à peine d'être privé des entrées de la Communauté & Académie, & de ses Assemblées, & d'amende même, suivant l'exigence des cas.

ARTICLE XIX.

Lesdites Communauté & Académie étant unies l'une à l'autre, seront régies & gouvernées conjointement par quatre Directeurs Gardes, & tous les ans en seront élûs deux nouveaux pour succéder aux deux autres qui sortiront alors d'exercice, ensorte qu'il en reste toujours deux qui ayent eu le tems de s'instruire de l'administration, intérêts, & affaires de ladite Communauté & Académie, & qu'aucun ne puisse demeurer en Charge plus de deux années consécutives.

ARTICLE XX.

Nul ne pourra être choisi pour remplir lesdites places de Directeurs Gardes, qu'il n'ait exercé quelqu'une des Charges de l'Académie de Saint Luc, en qualité de Professeur, d'Adjoint, ou de Conseiller, & qu'il n'ait au moins dix années de Maîtrise dans la Communauté; pourront néanmoins être élûs après six années de Maîtrise seulement, ceux qui étant actuellement Professeurs dans ladite Académie, en auront fait les fonctions avec assiduité pendant le tems de six années.

ARTICLE XXI.

L'ELECTION des deux nouveaux Directeurs Gardes entrans en Charge, se fera chaque année le 19. du mois Octobre, le lendemain de la Fête de Saint Luc, au Bureau de ladite Communauté, en la présence de M. le Procureur du Roi au Châtelet de Paris, dans une Assemblée à cet effet expressément convoquée.

ARTICLE XXII.

AFIN de prévenir les brigues & cabales qui y pourroient traverser ladite élection, l'Assemblée ne pourra être, & ne sera composée que de ceux qui suivent; sçavoir, des quatre Directeurs Gardes en exercice, de tous les Anciens qui auront passé par lesdites Charges, & de quarante Maîtres modernes & jeunes, dans lequel nombre de quarante seront appellez trois Professeurs, trois Adjoints, & trois Conseillers de l'Académie en exercice, & trois de ceux desdits Officiers vétérans; sçavoir, un Professeur, un Adjoint & un Conseiller, qui n'auront cependant que le simple droit de Maître, lesquels trois derniers nommez seront appellez sans interrompre le droit de leur tour de rôle.

Seront choisis les vingt-huit autres entre ceux desdits Modernes & Jeunes qui n'auront point passé lesdits Emplois.

Et ne pourront les uns & les autres être admis aux élections des Directeurs Gardes qu'à tour de rôle & selon leur rang d'ancienneté, à compter du jour & datte de leur réception à la Maîtrise, devant M. le Procureur du Roi.

ARTICLE XXIII.

AVANT que de procéder à ladite élection, ceux qui auront voix & auront été assemblez, prêteront serment és mains de M. le Procureur du Roi, d'élire pour Directeurs & Gardes un Peintre & un Sculpteur pris entre les plus capables & ayant dix années de Maîtrise, conformément aux anciens Reglemens, à la réserve des Professeurs, ainsi qu'il est dit ci-devant, ce qu'ils seront tenus d'exécuter fidelement en leurs consciences.

ARTICLE XXIV.

Les deux nouveaux Directeurs Gardes auſſitôt après avoir été élûs, prêteront auſſi le ſerment accoutumé, & feront le préſent ordinaire de 25. livres chacun pour la Confrairie de Saint Luc.

Ils ſe chargeront du ſoin de ce qui concerne ladite Confrairie pendant leur premiere année ſeulement, dans tout le cours de laquelle ils ſeront tenus de faire le recouvrement de tous les deniers à elle attribuez pour les employer à l'entretien du Service Divin, & à la décoration de la Chapelle de Saint Luc & Saint Jean à la Porte Latine, ſans que ladite dépenſe puiſſe être priſe ſur les revenus & droits de la Communauté, mais ſeulement ſur les fonds de ladite Confrairie provenant tant de la recette de l'année courante que de celle des années précédentes; & pour faire exactement ladite régie, ſeront remis és mains deſdits deux nouveaux Directeurs Gardes, tous les Ornemens, Linge & Argenterie appartenans à ladite Confrairie de Saint Luc, deſquels Effets, ainſi que de leur admiſtration, ils ſeront tenus de rendre compte immédiatement après ladite premiere année de leur exercice.

ARTICLE XXV.

Les quatre Directeurs Gardes en Charge, en conſéquence du ſerment par eux prêté, obſerveront & prendront ſoin de faire obſerver exactement les préſens Statuts, ainſi que les Edits, Déclarations, Lettres Patentes, Arrêts du Parlement, & Sentences de Police, ſur leſquels ſont fondez leſdits Statuts, & qui ont été ou ſeront rendus pour maintenir le bon ordre & la diſcipline dans la Communauté.

ARTICLE XXVI.

Ils feront conjointement toutes les diligences néceſſaires, même en Juſtice, ſi beſoin eſt, pour procurer le payement des droits, gages & revenus appartenans à ladite Communauté & Académie, dont la recette ſera par eux faite; feront toutes les dépenſes dont la Communauté & Académie ſeront chargées, veilleront à ce que leurs privileges & intérêts ne ſoient attaquez ni lézez en aucune maniere, procéderont à cet effet par voyes de Saiſie & autres permiſes par les Reglemens contre les Particuliers ſans qualité s'immiſçant de travailler deſdits Arts de Peinture, Sculpture, Gravûre, Dorure, & Marbrerie; & feront tenus de pourſuivre, défendre & ſolliciter en toutes les Inſtances qui pourroient être intentées contre ladite Communauté & Académie, ſoit par d'autres Corps & Communautez, ſoit par des perſonnes particulieres.

ARTICLE XXVII.

Ne leur ſera néanmoins permis d'interjetter aucun Appel en quelque cauſe que ce puiſſe être au Parlement, ni d'y pourſuivre aucun Procès ſans y avoir été préalablement autoriſez par Délibération expreſſe de la Communauté.

ARTICLE XXVIII.

Une de leurs principales attentions ſera de tenir la main à ce qu'il ne ſe faſſe, & ne ſe débite dans toute l'étendue de la Ville, Fauxbourgs & Banlieue de Paris, aucuns Ouvrages de Peinture, Sculpture, Gravûre & Dorure, diffamans, indécens, & contraires à la Religion, à l'Etat, & aux bonnes mœurs, ou de mauvaiſe fabrique ou qualité, & en contravention des préſens Statuts.

ARTICLE XXIX.

Leur ſera permis à cet effet de faire extraordinaîrement telles Viſites qu'ils jugeront à propos chez les Maîtres de la Communauté, comme auſſi en ſe faiſant aſſiſter d'un Commiſſaire dans les maiſons des Particuliers, Colléges, Lieux prétendus privilégiez, & dans les Foires même, où ils auront eu avis qu'il ſe fabrique & ſe vendra aucuns ouvrages ſcandaleux, pour y ſaiſir & arrêter leſdits Ouvrages, & ſur les Procès-Verbaux qui en auront été dreſſez, être ordonné ce que de raiſon par M. le Lieutenant Général de Police.

ARTICLE XXX.

Et afin que pareils Ouvrages défendus ne ſoient apportez du dehors, & ne ſe diſtribuent par d'autres voyes, tous Particuliers & Marchands Forains qui prétendront introduire à Paris, pour les Foires Saint Germain & Saint Laurent, ou ſous d'autres prétextes, des Ouvrages de Peinture, Sculpture, Gravûre, & Dorure, ſeront tenus en arrivant d'en faire leur déclaration au

Bureau de la Communauté, & de souffrir que la Visite en soit faite par les Directeurs-Gardes, sans le Certificat desquels il ne leur sera permis de les exposer en vente, s'obligeant lesdits Forains d'encaisser & transporter hors de la Banlieue après l'expiration & cloture desdites Foires, tout ce qui leur restera d'Ouvrages & Marchandises, le tout à peine de confiscation & autres peines plus grandes, si le cas y échoit.

ARTICLE XXXI.

OUTRE les Visites générales & extraordinaires, les quatre Directeurs Gardes seront tenus d'en faire deux par chacune année chez tous les Maîtres de la Communauté pour y saisir & arrêter tous les Ouvrages de Peinture, Sculpture & Dorure faits en contravention des présens Statuts, comme aussi les Toiles, Couleurs & autres matieres défectueuses pour subvenir à la dépense du Bureau, à l'entretien de la Chapelle & de l'Académie, & au payement des Rentes dûes par ladite Communauté; sera levé lors desdites Visites un droit annuel sur tous les Maîtres généralement quelconques, & le droit de Visite qui se percevra en la maniere accoutumée, sera de vingt-cinq sols par chacune visite.

ARTICLE XXXII.

NE pourront rien prétendre les Directeurs Gardes sur le produit des Visites, qui tournera en entier au profit de la Communauté, à l'exception néanmoins d'une somme de cinq cent livres qui leur sera attribuée pour les frais inévitables desdites deux Visites, & ne seront compris dans lesdits frais ceux qu'ils seroient contraints de faire contre les refusans de payer quoique solvables, desquels frais leur sera tenu compte séparément.

Seront obligez de compter desdites Visites lors de la reddition de leur Compte à la fin de chaque année d'exercice, & de rapporter entre leurs Pieces justificatives un Registre particulier concernant les sommes qu'ils auront reçues de chaque Maître, le nom des insolvables, & de ceux qui pouvant payer auroient refusé de le faire, comme aussi de faire apparoître des poursuites par eux faites contre ces derniers, le tout à peine d'être tenus en leur propre & privé nom d'acquiter en entier les debets desdites Visites.

ARTICLE XXXIII.

Pour soulager lesdits Directeurs Gardes dans les fonctions de leur Régie, sera employé, comme il s'est pratiqué de tout tems, un Sécretaire de la Communauté & Académie, choisi alternativement entre les Maîtres Peintres & Sculpteurs, lequel sera d'une probité connue & de capacité requise pour tenir les Registres & faire les autres Actes, Mémoires & Ecritures dépendans de son Emploi, & ne pourra ledit Sécretaire être changé & destitué que par Délibération de la Communauté, auquel cas en sera élû un autre à la pluralité des voix, & par une Assemblée génerale convoquée selon l'usage ordinaire.

ARTICLE XXXIV.

Les occupations du Bureau, & sur tout celles de l'Accadémie, étant d'une grande étendue, il y aura toujours deux Clers choisis par Délibération qui feront le service & courses nécessaires, sous les ordres des Directeurs Gardes & Officiers de l'Académie, au premier desquels Clercs seront payez chaque année cent livres, & au second cinquante livres de gages, outre le droit à eux fixé sur chaque Réception de Maître, & les salaires qu'on a coutume de leur payer pour leurs peines dans le Recouvrement de la Capitation & des Visites, moyennant quoi ils seront obligez de faire sans aucune rétribution, tous les jours de l'année leurs fonctions ordinaires, concernant le Service Divin, la Confrairie & l'Académie; & en cas de corvées extraordinaires, ne pourra leur être fait aucune gratification par les Directeurs-Gardes en Charge, que du consentement & par Déliberation expresse de la Communauté.

ARTICLE XXXV.

Ne pourront les Directeurs-Gardes, Professeurs & autres Officiers de la Communauté & Académie, prétendre & recevoir à leur profit, aucuns autres droits & honoraires que ceux qui leur sont attribuez sur les Visites, Réceptions des Maîtres, & Brevets d'Apprentissages, par les Articles 31. 46. 51. 53. 55. & 59. des présens Statuts.

ARTICLE XXXVI.

Les deux Directeurs-Gardes sortans d'exercice chaque année, seront tenus de rendre compte dans les deux mois, pour tout délai, de leur gestion & administration, en une Assemblée pour ce expressément convoquée & composée des quatre Directeurs-Gardes pour lors en Charge, de tous les Anciens qui auront passé par lesdites Charges, & de vingt Maîtres Modernes & Jeunes, dont les six premiers seront toujours pris d'entre ceux qui exerceront les emplois de Professeurs, Adjoints & Conseillers dans l'Académie, & seront privez lesdits deux Directeurs comptables de se trouver aux Assemblées, & percevoir les droits d'assistance dûs aux autres Anciens, jusqu'à ce que leur Compte ait été présenté & arrêté.

ARTICLE XXXVII.

Seront pour lors représentez par les Comptables sortans de Charge, les Statuts en original, Lettres Patentes & Arrêts y ayant rapport, Titres, Registres, Contrats, Obligations, Quittances de finances, Comptes des Anciens, & Pieces justificatives d'iceux qui seront dans les Armoires & Archives, comme aussi leurs propres Comptes & Pieces justificatives, desquels ne leur sera donné décharge qu'après qu'elles auront été examinées & cottées, & que l'Etat en aura été inséré à la suite du Compte.

Remettront en outre lesdits Comptables toutes les sommes qui seront actuellement dans la Caisse, & celles dont ils se trouveront redevables, ensemble les Meubles, Tableaux, Ouvrages de Sculpture & Dorure, ustenciles, Ornemens, & autres biens & effets appartenans à la Communauté, le tout conformément aux Inventaires signez d'eux, qui leur ont été remis lors de leur entrée à la Direction.

ARTICLE XXXVIII.

Tous lesdits Titres & Papiers seront enfermez dans des armoires à quatre serrures, desquelles chaque clef sera tenue par chacun des Directeurs Gardes en Charge, ensorte que lesdites armoires ne puissent être ouvertes que par tous les quatre conjointement, & en cas d'absence ou de maladie de quelqu'un d'entr'eux, il sera obligé de remettre sa clef à l'un des trois autres.

ARTICLE XXXIX.

La Communauté ayant par Délibération en datte du 21. Novembre 1727. reconnu le mauvais usage qui s'est introduit depuis quelque tems, & l'abus qui se fait journellement contre l'intérêt du public, concernant les Bordures & Pieds de table d'une composition de pâte, appliquée sur des bâtis de bois, lesquels Ouvrages non seulement reconnus propres à tromper le Public, mais encore très-dommageables à nombre de Maîtres à qui cela ôte les moyens de faire subsister leurs familles, sont & demeureront par le présent Article, prohibez & défendus, à peine contre les Contrevenans de mille livres d'amende, appliquable un quart à Sa Majesté, un quart au profit de l'Hôpital Général, un quart au profit des Directeurs Gardes en Charge, & l'autre quart au profit du Dénonciateur; ne seront néanmoins compris dans la présente prohibition les Ouvrages de carton moulé, dont l'expérience a fait reconnoître l'utilité par leurs légéreté & commodité dans les Décorations, Plafonds, Catafalques & autres choses semblables.

Vide l'Arrêt du 20. Juin 1736. & l'Arrêt d'enregistrement.

ARTICLE XL.

Apre's le recollement fait à la fin de chaque Comptabilité des Inventaires contenant la description desdits Titres, Papiers, Meubles, Chefs-d'œuvre de Peinture, Sculpture, Dorure & Ornemens, il en sera fait à l'instant de nouveaux Inventaires, dans lesquels sera comprise l'augmentation faite pendant le cours de l'année, & seront signez les nouveaux Inventaires par les quatre Directeurs-Gardes, qui se chargeront du contenu, par douze Anciens au moins, & par le Sécrétaire; ce qui sera continué & exécuté d'année en année.

ARTICLE XLI.

Ne pourront les Directeurs-Gardes qui sont chargez des Chefs-d'œuvres & autres Effets appartenans à la Communauté, en disposer en aucune maniere, les vendre ou faire vendre, donner ou prêter même, sans une Déliberation expresse d'une Assemblée, composée de tout le Bureau, tous les Anciens, des quatre Recteurs de l'Académie, de deux Professeurs, de deux Adjoints,

&

& de deux Conseillers, laquelle Déliberation étant portée sur le Registre, contiendra les motifs qui auront occasionné le don, prêt ou vente desdits Chefs-d'œuvres, & sera fait mention du produit & de l'emploi qui sera fait à l'égard de ceux qui seront vendus.

ARTICLE XLII.

TOUTES les Assemblées pour l'élection des Directeurs-Gardes ordinaires, Recteurs, Professeurs, Adjoints, Conseillers de l'Académie, & Sécrétaire, comme aussi pour présentation & réception d'Aspirans à la Maîtrise, & de Chefs-d'œuvre, passations & enregistremens de Brevets d'Apprentissage, Déliberations d'affaires & autres généralement quelconques, se tiendront, suivant l'usage, au Bureau de la Communauté, établi sur le bâtiment & Eglise de Saint Luc, en la Cité, ci-devant appellée Saint Simphorien.

ARTICLE XLIII.

NE seront convoquées lesdites Assemblées que dans la forme présente, & ne seront composées d'autres Officiers, Anciens, Modernes, Jeunes, & de plus grand nombre d'iceux, que celui qui est fixé par les Articles ci-dessus des présens Statuts.

Ne pourront s'immiscer d'y assister aucuns autres Maîtres que ceux qui y auront été mandez par billets de convocation en la maniere accoutumée, à peine de cent livres d'amende pour la premiere fois, & d'être exclus pour toujours des Assemblées en cas de récidive.

ARTICLE XLIV.

SERONT tenus ceux qui auront été dûment appellez ausdites Assemblées, de s'y comporter avec décence, & de n'y dire leur sentiment que chacun à leur tour, & avec modération, pour être les résolutions prises & arrêtées à la pluralité des voix ; défenses d'y exciter aucun tumulte, d'y proférer aucunes injures, & d'y exercer aucune violence, sous les mêmes peines énoncées en l'Article précédent ; & s'il s'y commettoit quelque excès, en sera dressé Procès-Verbal par les Directeurs-Gardes & Compagnie, pour ensuite sur le Rapport qui en sera fait à M. le Lieutenant Général de Police, être par lui ordonné ce que de raison, sur les Conclusions de M. le Procureur du Roi au Châtelet.

ARTICLE XLV.

POUR obvier à tous ſujets de diſputes & conteſtations dans les Aſſemblées & ailleurs, ſera gardé par les Directeurs-Gardes Peintres ou Sculpteurs, ſoit dans le Bureau, ſoit dans la Chapelle de la Confrairie, le rang qu'ils doivent y tenir, ſuivant la Déliberation de la Communauté du 29. Août 1711. homologuée par Sentence de Police du 2. Septembre ſuivant, & en conſéquence obſervé ce qui ſuit.

ARTICLE XLVI.

LES Brevets d'apprentiſſages pour parvenir à la Maîtriſe des Arts de Peinture, Sculpture, Gravûre, Dorure & Marbrerie, ayant été paſſez devant Notaires, ſeront enregiſtrez au Bureau de la Communauté en préſence des quatre Directeurs-Gardes, & ſeront ſignez de deux au moins d'entr'eux en cas d'abſence des autres, à peine de nullité; ſeront payez par l'Apprentif lors dudit enregiſtrement trois livres pour l'Hôpital Général, trois livres pour l'entretien de l'Académie, trente ſols pour chacun des quatre Directeurs en Charge, faiſant ſix livres, & vingt ſols pour le Clerc.

ARTICLE XLVII.

LE terme de l'Engagement contracté par l'Apprentif ne pourra être plus court que celui de cinq années, & ne pourra le Maître auquel il ſera obligé prendre un autre Apprentif qu'au bout de quatre ans accomplis, à peine contre lui de cent cinquante livres d'amende, dont cinquante livres appliquables au Roi, cinquante livres à l'Hôpital Général, & cinquante livres au profit de la Communauté, outre les dommages & intérêts du premier Apprentif, dont le Maître ſera pareillement reſponſable.

ARTICLE XLVIII.

DÉFENSES à l'Apprentif de quitter le Maître avec lequel il ſera engagé qu'après le terme expiré de ſes cinq années d'apprentiſſage; lui ſera néanmoins permis, ſi le Maître vient à décéder dans cet intervale, d'achever ſon tems chez la Veuve, & à ſon refus chez un autre Maître, de l'agrément des Directeurs-Gardes en place, & en cas que le Maître ou la Veuve refusent sans cause légitime de quittancer ledit Brevet après l'échéance des cinq années, l'Apprentif en portera ses plaintes ausdits Directeurs-Gardes, pour y être pourvû.

ARTICLE XLIX.

SERONT dispensées des formalitez de l'Apprentissage, les Filles & Femmes aspirantes à la Maîtrise, & pourront être reçûes Maîtresses dans les Arts de Peinture, Sculpture & Dorure, ainsi qu'il sera dit plus bas.

ARTICLE L.

AVANT que d'être admis à la Maîtrise, chaque Aspirant & Aspirante, de quelques qualitez qu'ils soient, seront tenus de faire un Chef-d'œuvre, dont le sujet leur sera ordonné par Déliberation de l'Assemblée ; ils le présenteront ensuite au Bureau pour y être examiné & corrigé : le Chef-d'œuvre étant fini, s'il est approuvé & reçu, il sera laissé par l'Aspirant à la Communauté & Académie, ausquelles il appartiendra, ainsi qu'il s'est toujours pratiqué jusqu'à présent.

ARTICLE LI.

L'ASPIRANT à la Maîtrise qui sera ou Fils ou Gendre d'ancien Directeur-Garde, ou qui aura épousé sa Veuve, payera pour sa Réception la somme de quatre-vingt-dix-sept livres un sol, & sur cette somme seront pris tous les droits & frais généralement quelconques ; sçavoir, pour la Confrairie sept livres ; pour l'entretien de l'Académie sept livres ; pour l'Hôpital Général trois livres, pour les Lettres de M. le Procureur du Roi vingt-deux livres seize sols, pour le contrôle desdites Lettres une livre cinq sols, pour les quatre Gardes en Charge trois livres dix sols chacun, faisant en total quatorze livres ; pour l'ancien Directeur-Garde faisant les fonctions de Conducteur, deux livres ; pour les douze Anciens qui auront été mandez à tour de rôle dix-huit livres en total, faisant pour chacun une livre dix sols ; pour le Professeur de l'Académie appellé à la Reception, une livre dix ſols ; pour l'Adjoint à Profeſſeur quinze ſols ; pour les quatre Maîtres Modernes & Jeunes quinze ſols chacun, ou en total trois livres ; pour le Sécrétaire de la Communauté ou Académie une livre cinq ſols ; pour les deux Clercs quatre livres dix ſols.

Ainſi déduction faite de ces différentes ſommes montantes enſemble à celle de quatre-vingt-ſix livres un ſol, reſteront de net au profit de la Communauté onze livres ſeulement, qui ſeront mis dans la boëte.

ARTICLE LII.

CELUI qui étant fils ou gendre d'un Maître, ou ayant épouſé ſa Veuve, ſe préſentera pour être admis à la Maîtriſe, payera pour toutes choſes la ſomme de cent ſoixante livres un ſol, ſur laquelle étant prélevé quatre-vingt-ſix livres pour les mêmes droits & frais énoncez en l'Article précédent, il rentrera de net dans la boëte de la Communauté une ſomme de ſoixante & quatorze livres.

ARTICLE LIII.

LES Filles d'anciens Directeurs-Gardes ou Maîtres de la Communauté, qui n'étant point mariées aſpireront à la Maîtriſe, payeront pour y être reçûes les mêmes ſommes que les Fils deſdits Anciens ou deſdits Maitres ; & ſi dans la ſuite elles viennent à prendre pour mari un Homme de qualité requiſe pour l'exercice des Arts de Peinture, Sculpture, Gravûre, Dorure & Marbrerie, ſur la ſomme qu'il aura à payer comme Gendre d'Ancien ou de Maître, lui ſera tenu compte de celle que ſa femme aura déja payée, à l'exception néanmoins de vingt-deux livres ſeize ſols, pour des nouvelles Lettres de Maîtriſe, une livre cinq ſols pour le Contrôle, & trois livres pour le droit de l'Hôpital Général, outre qu'il ſera tenu de faire un nouveau Chef-d'œuvte.

ARTICLE LIV.

LA Veuve d'un Ancien ou d'un Maître de la Communauté qui épouſera un homme d'autre profeſſion, ne pourra ſe mêler en aucune maniere des Arts de Peinture, Sculpture, Gravûre, Dorure & Marbrerie, ni de la vente & commerce des Ouvrages en provenans.

Si ſon nouveau Mari veut exercer leſdits Arts, il ſera obligé de se faire recevoir Maître, & de subir préalablement pour jouïr des conditions accordées par les Articles 51. & 52. aux Maris des Veuves, l'examen qui sera fait de sa capacité dans une Assemblée convoquée à cet effet, & conformement à l'Article 57.

ARTICLE LV.

L'ASPIRANT à la Maîtrise qui aura fait son apprentissage en cette Ville de Paris, & qui en représentera le Brevet quittancé par son Maître, payera pour sa Réception la somme de trois cent livres, y compris les droits de Confrairie, d'Académie, de Lettres, & ceux du Sécrétaire.

ARTICLE LVI.

A l'égard de celui qui n'ayant point fait d'apprentissage à Paris, voudra néanmoins se faire recevoir Maître, il payera les droits plus forts que l'Aspirant par Brevet, & sera examiné lors de sa présentation & réception dans une Assemblée plus nombreuse, pour donner lieu de juger plus sûrement de ses talens.

Il payera pour toutes choses une somme de quatre cent livres, y compris, ainsi qu'il est dit en l'Article ci-dessus, les droits de Confrairie, Académie, Lettres du Procureur du Roi, & droits du Sécrétaire.

ARTICLE LVII.

SI néanmoins il se présente quelque Récipiendaire sans qualité qui soit reconnu pour être d'une capacité distinguée dans les Arts de Peinture & de Sculpture, & qui soit en état de remplir dignement une place de Professeur ou d'Adjoint dans l'Académie, la quotité de la somme de quatre cent livres ci-dessus fixée pour les Aspirans sans qualité, sera modérée & diminuée en sa faveur, & ne pourra se faire ladite modération que du consentement de ladite Communauté assemblée à cet effet, & par Délibération expresse couchée sur le Registre, laquelle contiendra les raisons qui auront déterminé à faire cette grace à l'Aspirant, & la remise qui lui aura été faite.

ARTICLE LVIII.

Vide l'Arrêt du 20. Juin 1736. & celui d'enregiſtrement.

Les Filles ou Femmes qui n'étant point filles ou d'Anciens ou de Maîtres de la Communauté, qui aſpireront à la Maîtriſe, payeront pour toutes choſes deux cent cinquante livres.

Que ſi venant à ſe marier dans la ſuite elles épouſent un homme qui veuille ſe faire admettre à la Maîtriſe, & qui ait les qualitez requiſes auſdits Arts, ſur ce qu'il devra payer pour ſa réception, ſelon la qualité ſous laquelle il ſe préſentera, imputation lui ſera faite de la ſomme que ſa femme aura payée, & il ſera en outre obligé de faire un nouveau Chef-d'œuvre, & de prendre de nouvelles Lettres à ſes dépens.

ARTICLE LIX.

Ne pourra pour quelque raiſon que ce ſoit être augmenté le nombre preſcrit par l'Article 22. des Directeurs-Gardes, des Anciens & des Maîtres Modernes & Jeunes, qui ſeront appellez pour aſſiſter aux Réceptions.

Les uns & les autres y ſeront mandez à tour de rôle, & ſelon l'ordre du Tableau.

ARTICLE LX.

Quoique le Conducteur des Récipiendaires à la Maîtriſe doive être pris ordinairement d'entre tous les anciens Directeurs-Gardes, & à tour de rôle, cependant lorſqu'un Ancien fera recevoir ſon Fils, ſa Fille, ou ſon Gendre, il fera de droit les fonctions de Conducteur dans leurs Réceptions, ſans qu'à raiſon de ce, ſon tour ſoit dérangé lorſqu'il lui écheoira d'être mandé pour faire la conduite des autres Aſpirans.

ARTICLE LXI.

Comme il peut ſe rencontrer qu'un même Maître ſelon l'ordre du Tableau ſoit appellé en même tems à une Réception ſur les deux différentes qualitez d'ancien Directeur-Garde, & de Profeſſeur de l'Académie, ce cas arrivant, il ne pourra toucher doubles droits d'aſſiſtance, mais recevant ſeulement le droit qu'il lui ſera dû comme Ancien, il sera tenu de mettre dans la boëte celui de Professeur.

ARTICLE LXII.

SERA permis à tous les Maîtres reçûs dans ladite Communauté & Académie de Saint Luc, d'exercer les Arts de Peinture, Sculpture, Gravûre, Dorure & Marbrerie, dans toutes les Villes & Provinces du Royaume, soit qu'ils ne fassent qu'y passer ou n'y séjournent que pour quelque tems, soit qu'ils s'y établissent pour toujours.

Ne pourront les Maîtres desdites Villes ou autres, leur causer aucun trouble ou empêchement dans l'exercice de leur Profession, & ce à peine de tous dommages & intérêts.

ARTICLE LXIII.

LES Maîtres Peintres dans tous les Ouvrages de leur Art qu'ils feront ou feront faire chez eux & ailleurs, seront tenus d'employer de bonnes couleurs & des toiles bien & dûement fabriquées & préparées.

Ne sera permis aux Maîtres Doreurs d'user du cuivre ou laton pour dorer aucune bordure de Tableaux, Miroirs, Pieds de Tables, de Chaises, Gueridons & Lits, Ouvrages d'Eglise, comme Autels, Tabernacles, Chaires, Oeuvres, Balustres, soit en dedans soit en dehors, & autres Ouvrages & Ornemens généralement quelconques, le tout à peine de confiscation de ceux desdits Ouvrages à eux appartenans, & d'une amende de mille livres, dont un quart au profit de Sa Majesté, un quart pour l'Hôpital Général, un quart pour les Directeurs-Gardes, & l'autre quart pour le Dénonciateur.

ARTICLE LXIV.

POUR prévenir les abus & empêcher qu'à l'avenir le Public ne soit trompé comme il a pû l'être par le passé, il ne sera permis à aucun des Maîtres de ladite Communauté, conformement aux Délibérations des 12. Juin 1724. & 21. Novembre 1727. d'employer de l'argent coloré, connu sous le nom d'argent verni, soit aux Tabernacles, Chandeliers, & tous autres Ouvrages d'Eglises, non plus qu'à aucune corniche, lambris, bordures,

Vide l'Arrêt du 20. Juin 1736. & celui d'enregistrement.

pieds de tables, ni aucuns meubles, à peine contre les contrevenans de l'amende de ci-dessus. Ne seront néanmoins compris dans la susdite prohibition les décorations de Spectacles, soit de Théatres, Pompes funebres ou autres dans lesquelles l'usage du faux or a toujours été convenable, comme aussi il sera permis ausdits Maîtres d'employer de l'argent en feuille, pour être coloré de teintes dorées sur des feuilles de cuir à faire tapisserie, que l'on nomme cuir doré.

ARTICLE LXV.

POURRONT lesdits Maîtres Doreurs se servir de bronze ou métail en poudre pour les clôtures & grillages de Chœurs & de Chapelles, Epitaphes, Mausolées & autres semblables décorations, pourvû néanmoins qu'ils en soient requis, & par un Ecrit qu'ils seront obligez de représenter, si besoin est.

ARTICLE LXVI.

S'ABSTIENDRONT les Maîtres Sculpteurs, sous les mêmes peines & amendes portées en l'Article 63. d'employer ou faire employer à des figures, ornemens & autres ouvrages quelconques de leur Art, aucun bois vert & où il y ait de l'aubier, mortbois, bois échauffé, gersé, fendu, vermoulu & en pourriture.

ARTICLE LXVII.

AUCUN Maître de la Communauté, Peintre, Sculpteur, Doreur & Marbrier, ne pourra s'immiscer de continuer & achever les Ouvrages entrepris par un autre Maître, qu'après s'être assûré du payement de celui qui les aura commencez, & s'être fait représenter la Quittance du Bourgeois ou Particulier qui l'avoit dabord employé, à peine pour le Contrevenant d'être contraint en son nom de ce qui pourroit être dû à l'autre qui l'aura supplanté, & en outre d'une amende arbitraire.

ARTICLE LXVIII.

DE'FENSES à tout Maître de la Communauté de donner ses Ouvrages à faire chez les Compagnons, & de s'associer avec eux

ou

ou avec d'autres Particuliers ſans qualité, comme auſſi de leur prêter ſon nom & ſon atelier pour les entrepriſes par eux faites, ſous peine de trois cent livres d'amende, appliquable par quart comme ci-deſſus.

ARTICLE LXIX.

SERA défendu à tous Maîtres de la Communauté de copier ou faire copier, mouler ou contremouler les Ouvrages les uns des autres, pour les vendre & les employer dans leurs entrepriſes, ſans avoir le conſentement par écrit du premier Auteur deſdits Ouvrages.

ARTICLE LXX.

NE pourront pareillement, à moins d'un conſentement ſemblable, graver ou faire graver au burin & à eau-forte ou autrement, aucuns Deſſeins, Eſquiſſes & Tableaux, Figures de rondeboſſe, bas-relief, ornemens & autres ouvrages inventez, deſſinez, peints ou ſculptez par d'autres Maîtres de la Communauté, & à eux appartenans, comme auſſi d'en graver & faire graver une ſeconde & troiſiéme fois, ſous prétexte d'en changer la forme pour la rendre ou plus grande ou plus petite, & ſous quelqu'autre prétexte que ce ſoit, & ſeront punis les Contrevenans par la confiſcation des planches qu'ils auront gravées & contrefaites, des épreuves qui en auront été tirées, & par une amende de mille livres, appliquable un quart au Roi, un quart à l'Hôpital Général, un quart au Dénonciateur, & un quart au Maître dont les Ouvrages & Planches auront été copiées.

ARTICLE LXXI.

LES Aſſemblées illicites & tumultueuſes des Compagnons aux environs de la Chapelle de la Communauté, & les cabales faites entr'eux pour fixer ſelon leur caprice le prix de leurs journées, & tenir à cet égard les Maîtres & les Bourgeois même dans leur dépendance, ont donné lieu à pluſieurs Réglemens ſpécifiez par les Sentences de Police des 16. Décembre 1670. 20. Novembre 1671. & 6. Février 1722. leſquelles ſeront exécutées dans toute leur étendue.

En conſéquence, défenſes très-expreſſes à tous Compagnons

Peintres, Sculpteurs, Doreurs & Marbriers, de s'attrouper les Dimanches, Fêtes & autres jours près de la Chapelle de Saint Luc; dans les Lieux privilégiez ou ailleurs, de cabaler entr'eux pour fixer le prix de leurs journées, d'avoir aucune Chapelle particuliere, d'y tenir Confrairie & d'y rendre le Pain à bénir, à peine d'être privé de travailler chez aucuns Maîtres, d'exclusion de la Maîtrise, & de plus grande peine si le cas y échet. Seront tenus lesdits Compagnons, lorsqu'ils manqueront d'ouvrages, de s'adresser selon l'ancien usage au Concierge du Bureau de la Communauté, par lequel leur seront indiquez les Maîtres qui auront besoin d'eux.

ARTICLE LXXII.

TOUS les Maîtres de la Communauté étant responsables de la qualité de leurs Ouvrages, seront obligez pour faire connoître où l'on pourra s'adresser en cas de défectuosité & de contravention, de venir déclarer au Bureau lorsqu'ils en seront sommez par les Directeurs-Gardes, le lieu de leur domicile, & de signer leur déclaration sur le Registre à ce destiné, comme aussi de la venir renouveller chaque fois qu'ils changeront de demeure, & dans huitaine après en avoir changé, le tout conformement à la Sentence de Police du 23. Décembre 1721. & à peine de cinquante livres d'amende au profit de la Communauté.

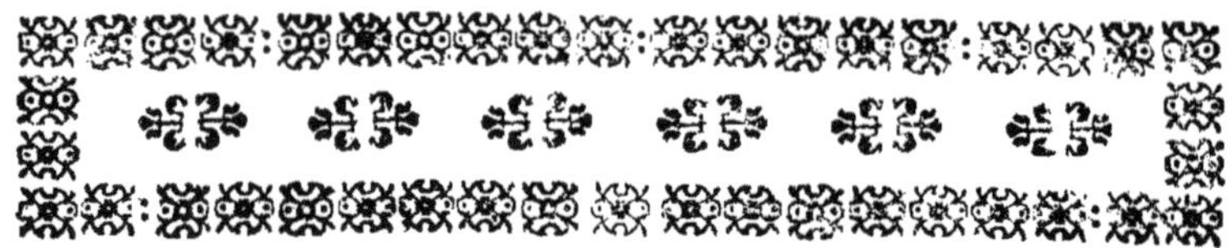

REGLEMENT

QUI CONCERNE SEUL ET EN PARTICULIER L'ACADEMIE DE SAINT LUC.

ARTICLE PREMIER.

LA Communauté & Académie de Saint Luc ayant obtenu la permiſſion de reprendre ſes exercices par la Déclaration du 17. Novembre 1725. continuera les Leçons gratuites qu'elle a coutume de faire à ſes Eleves, dans toutes les parties du Deſſein, de la maniere ci-deſſous preſcrite, en la Salle à ce deſtinée, au-deſſus du Bureau de la Communauté.

ARTICLE II.

COMME l'Académie ne fait qu'un même Corps avec la Communauté, & ne tire que d'elle ſeule les fonds néceſſaires à ſon entretien, ſans qu'il y ſoit rien contribué d'ailleurs, non pas même par ceux qui y viennent prendre des Leçons, elle ſera régie tant pour ce qui concerne la police & le bon ordre, que pour l'adminiſtration & payement des frais & dépenſes, par les quatre Directeurs-Gardes de la Communauté, pendant le tems de leur exercice, & par deux Recteurs éligibles d'année en année, leſquels auront toujours pour Adjoints trente-ſix Anciens au moins, qui ſeront perpétuels, & douze Conſeillers qui ne pourront être changez qu'après trois ans d'exercice, auquel tems ſera fixé la mutation ou continuation des Officiers, ainſi qu'il eſt dit en l'Article ci-après.

ARTICLE III.

Ceux qui feront chargez des fonctions relatives à la Police, les partageront de la maniere fuivante : les quatre Directeurs-Gardes régiront tour à tour chacun trois mois de l'année, les deux Recteurs mouvans chacun fix mois, les Anciens feront diftribuez au nombre de trois pour chaque mois, & chacun des douze Confeillers fervira fucceffivement un mois de chaque année, ladite année Académique commençant toujours le premier Octobre.

ARTICLE IV.

Quant aux autres Officiers employez aux Exercices académiques de l'Ecole, & prépofez pour enfeigner & démontrer, ils feront au nombre de vingt-fix ; fçavoir, deux Recteurs perpétuels, douze Profeffeurs & douze Adjoints à Profeffeurs.

ARTICLE V.

La Communauté & Académie choifira un Protecteur, & lorfque par décès ou démiffion volontaire les places des deux Recteurs perpétuels viendront à vaquer, la Communauté & Académie pour lors préfentera à fon Protecteur les fujets d'entr'elle qu'elle aura reconnu capables d'en remplir dignement les fonctions, dans lefquels fujets préfentez ledit Protecteur fera choix de deux Recteurs par comparaifon de mérite, & en furfeoira la nomination & l'inftallation auffi longtems qu'il le jugera à propos ; & lorfqu'ils feront nommez & inftalez, ils auront la principale infpection chacun par femeftre, fur tout ce qui regarde les exercices de l'Ecole, comme Leçons de Deffein, Pofitions de Modelles, Réceptions d'Eleves, &c. & feront tenus d'affifter régulierement deux fois la femaine aufdits Exercices, & d'être préfens à la derniere Séance de chaque attitude de Modelle, pour y corriger & donner des Leçons.

ARTICLE VI.

Les douze Profeffeurs ne feront tirez que du nombre de ceux qui auront exercé dans l'Académie l'emploi d'Adjoint à Profeffeur ; ils enfeigneront fucceffivement felon l'ordre de leur nomination chacun un mois de l'année, & chaque jour où il y aura Ecole, dans le cours de ce mois ils poseront le Modelle, feront les Leçons & corrigeront les Desseins des Eleves, fonctions qu'ils seront obligez de faire, & se joindront au Recteur en exercice, lorsqu'il s'y trouvera, sans que la présence du Recteur puisse occasionner l'absence du Professeur, à moins qu'il n'ait une cause légitime d'excuse, dont il sera tenu donner avis.

Sera tenu pareillement chacun desdits Professeurs à la fin de son mois d'exercice, de laisser un Dessein ou Modelle de ses Etudes, pour être posé dans l'Ecole de l'Académie, à peine d'être privé de ses droits de Communauté, lesquels seront mis dans la boëte.

ARTICLE VII.

CHACUN des douze Professeurs aura son Adjoint, & les douze Adjoints seront choisis d'entre les Modernes & Jeunes Maîtres, qui auront donné dans l'Ecole des preuves de leur assiduité & capacité, & seront dans l'obligation de se trouver ponctuellement à toutes les Séances de leurs mois, d'y dessiner ou modeller, de seconder le Professeur dans ses fonctions, & d'y suppléer en entier en cas d'absence ou de maladie de sa part.

Lorsqu'une place de Professeur viendra à vaquer par mort ou autrement, elle sera remplie au plutôt, & ne pourra l'être que par un des douze Adjoints, lequel sera élû à la pluralité des voix par tous les Officiers de l'année courante, tant pour l'administration de la Police que pour celle de l'Ecole, si mieux n'aiment les mêmes Officiers remettre en place les Vétérans.

ARTICLE VIII.

OUTRE les douze Professeurs pour le Dessein, il y en aura toujours deux autres qui pourront être choisis ailleurs que dans la Communauté & Académie, l'un pour la Géométrie, Architecture & Perspective, qui fera Leçon tous les Jeudis de chaque semaine, depuis deux heures jusqu'à quatre, & l'autre pour l'Anatomie, qui démontrera tous les Samedis une heure avant l'exercice du Modelle, sans exclure ceux de la Communauté qui en seront trouvez capables.

ARTICLE IX.

Le dernier Samedi de chaque mois, ou ſi c'étoit une Fête, le Lundi ſuivant, ſera tenu une Aſſemblée compoſée du Directeur-Garde, du Recteur perpétuel, du Recteur mouvant, des Anciens du mois, du Profeſſeur, de l'Adjoint & du Conſeiller, qui ſeront pour lors en fonctions, & qui ſeront obligez d'y aſſiſter, à peine de trois livres d'amende, qui ſera retenue ſur leurs premiers droits.

Dans la ſuſdite Aſſemblée il y ſera délibéré ſur les beſoins préſens de l'Ecole, & ſur les moyens d'en entretenir & augmenter les progrès. Suppoſé qu'il s'y préſente quelque cas grave & difficile à réſoudre, on ſe contentera d'en dreſſer Acte ſur le Regiſtre de l'Académie, pour être rapporté à la premiere Aſſemblée générale, où l'on aura ſoin d'y pourvoir, ainſi que de raiſon; & ſera la réſolution qu'on yaura priſe à ce ſujet, affichée, ſi beſoin eſt, dans l'Ecole, pour être obſervée à l'avenir.

ARTICLE X.

L'Ecole de l'Académie ſera ouverte tous les jours de l'année, hors les Dimanches & Fêtes, & les Exercices s'y feront ordinairement deux heures chaque jour, en Octobre depuis ſix heures juſqu'à huit du ſoir, en Novembre depuis cinq heures & demie juſqu'à ſept & demie du ſoir, en Décembre & en Janvier depuis cinq juſqu'à ſept du ſoir, en Février & en Mars depuis ſix juſqu'à huit du ſoir, en Avril depuis quatre & demie juſqu'à ſix & demie du ſoir, en Mai depuis cinq juſqu'à ſept du ſoir, en Juin depuis cinq & demie juſqu'à ſept & demie du ſoir, en Juillet depuis cinq & demie juſqu'à ſept & demie du ſoir, en Août depuis cinq juſqu'à ſept du ſoir, en Septembre depuis quatre heures & demie juſqu'à ſix & demie du ſoir.

ARTICLE XI.

On poſera le Modelle le Lundi de chaque ſemaine, & l'attitude dans laquelle il aura été poſé, continuera le Mardi & le Mercredi; il ſera encore poſé le Jeudi en une nouvelle attitude, qui ſera continuée le Vendredi & le Samedi; mais dans une des femaines de chaque mois, la pofition au lieu d'être fimplement d'un Modelle, fe fera d'un Groupe compofé de deux Modelles, lequel Groupe continuera toute la femaine.

Ainfi chaque attitude de Modelle fimple durera trois Séances, & occupera deux heures à chacune, à l'exception néanmoins des femaines où il fe rencontrera des Fêtes.

Pour lors s'il en furvient deux, une même attitude tiendra quatre jours de fuite, & deux heures chaque jour; s'il y a quatre Fêtes, elle ne durera que deux jours; mais elle fera de trois heures chaque Séance, de maniere que les Eleves auront toujours fix heures pour deffiner ou modeller une Académie.

ARTICLE XII.

AUCUN Etudiant ne fera admis aux Leçons, s'il n'eft préfenté par un Officier de l'Académie actuel ou vétérant, qui réponde de fa conduite, pour avoir fes entrées; il fera obligé de rapporter un Billet figné tant par ledit Officier qui l'aura préfenté, que par le Directeur-Garde, par le Recteur perpétuel, & par le Profeffeur, qui fe feront trouvez pour lors en exercice, & fera tenu chaque Etudiant ou Eleve faire renouveller ledit Billet tous les trois mois.

ARTICLE XIII.

AU commencement des Exercices de chaque hyver, le Recteur perpétuel, le Profeffeur & l'Adjoint examineront les Deffeins ou Modelles des Eleves, pour juger du rang dans lequel ils doivent être appellez les jours de pofition; à l'effet dequoi ils feront dreffer une lifte.

ARTICLE XIV.

A l'égard des différens Prix annuels propofez aux Etudians, foit qu'il plaife au Protecteur de les donner de fes deniers, ou que par mutation d'évenement la Communauté fe charge volontairement de cette dépenfe, ou même que lefdits Prix par la fuite deviennent certains par fondations, aufquels cas & en tous autres il y fera procédé de la maniere ci-après ftatuée.

ARTICLE XV.

A la fin de la premiere desdites Séances, les Aspirans après avoir fait signer chaque Dessein ou Modelle, par les deux principaux Officiers de ceux qui seront présens, les disposeront; sçavoir, les Desseins dans une armoire en forme de tronc, par l'ouverture duquel ils seront glissez & introduits, & les Modelles dans une armoire fermée d'un volet.

Ils n'en pourront être tirez par le Concierge qui aura les clefs de l'une & de l'autre armoire, que pour être delivrez à chaque Séance aux Aspirans qui les auront commencez, & qui seront dans l'obligation de les finir & terminer dans la derniere des trois Séances marquées : après quoi lesdits Desseins & Modelles seront renfermez de nouveau, pour n'être plus vûs de personne jusqu'à l'examen qui en sera fait pour la distribution des Prix.

ARTICLE XVI.

A cet effet sera convoqué une Assemblée générale de l'Académie, où seront élûs six anciens Directeurs-Gardes, six Professeurs, quatre Adjoints, & deux Conseillers, lesquels conjointement avec les quatre Recteurs seront autorisez à faire le Jugement desdits Desseins & Modelles.

ARTICLE XVII.

Pour y procéder, ceux qui auront été choisis s'assembleront au jour entr'eux convenu ; après avoir examiné mûrement & sans aucune prévention les Ouvrages faits en concurrence, ils donneront leurs suffrages par voye de scrutin, & par bulletins qu'on conservera dans une boëte, laquelle sera scellée d'un cachet, qui sera déposé sûrement & sous plusieurs clefs.

ARTICLE XVIII.

La distribution des Prix se fera dans une Assemblée générale, dont le jour sera indiqué par le Protecteur de l'Académie, s'il veut bien l'honorer de sa présence, la boëte contenant les bulletins lui ayant été remise, ainsi que le cachet dont elle aura été

été scellée, il en rompra & levera les empreintes, prendra la peine de compter lui-même les suffrages, & délivrera les Prix à ceux des Aspirans ausquels ils auront été adjugez par le plus grand nombre de voix.

ARTICLE XIX.

En conséquence de ce qui a été observé dans l'Académie, que pour y maintenir les Exercices en vigueur & en empêcher le relâchement, il convenoit de changer au bout d'un certain tems quelques-uns des Officiers, pour leur en substituer d'autres, cette mutation se fera dorénavant tous les trois ans, immédiatement après la derniere distribution des Prix.

Il y sera procédé par les quatre Directeurs en Charge, les quatre Recteurs, & par six anciens Directeurs-Gardes, six Professeurs, quatre Adjoints & deux Conseillers, lesquels auront été nommez à cet effet, ainsi que pour le Jugement des Prix, dans une Assemblée générale de la Communauté.

ARTICLE XX.

Pour conserver une parfaite égalité entre les Arts de Peinture, Sculpture, dans les emplois de l'Académie, des quatre Recteurs il y en aura toujours deux Peintres & deux Sculpteurs, des douze Professeurs six seront Peintres & les six autres Sculpteurs, & ainsi des douze Adjoints; en sorte que le Professeur de chaque mois, s'il est Peintre, aura pour Adjoint un Sculpteur, & s'il est Sculpteur un Peintre.

ARTICLE XXI.

Tous les Officiers de l'Académie, Directeurs-Gardes, Recteurs, Anciens, Professeurs, Adjoints & Conseillers, ne pourront prétendre aucuns gages ou émolumens de la part de la Communauté & Académie, ils ne pourront pareillement exiger ni recevoir aucune rétribution des Eleves de ladite Ecole, à raison de leurs emplois & fonctions, & sous prétexte du tems qu'ils dérobent à leurs affaires pour s'y appliquer; l'unique récompense qu'ils se proposeront, ainsi qu'ils ont fait jusqu'à présent, eux & leurs prédécesseurs, sera l'honneur qu'ils se feront à eux-mêmes &

au Corps dont ils sont Membres, en se rendant gratuitement utiles au Public.

Fait & arrêté au Conseil d'Etat du Roi, Sa Majesté y étant, tenu à Versailles le 9. Mars 1730. Signé LOUIS, plus bas; PHELIPEAUX.

Registrez, oüi le Procureur Général du Roi, pour être exécutez selon leur forme & teneur, & joüir par lesdits Impétrans & ceux qui leur succéderont en leurdite Communauté, de leur effet & contenu esdites Lettres Patentes, suivant & conformément aux Arrêts de la Cour des 20. *Juin & 7. Septembre* 1736. 30. *Mars*, 21. *Juin &* 22. *Août* 1737. *& encore le tout aux charges, clauses, conditions & exceptions y contenues, suivant & conformément à l'Arrêt de ce jour. A Paris en Parlement le* 30. *Janvier* 1738. *Signé* DUFRANC, *avec paraphe.*

ARREST D'ENREGISTREMENT DESDITS STATUTS ET REGLEMENS,

OBTENUS à la diligence de Messieurs LOUIS DE FONTAINE, JACQUES ADAN, JEAN-BAPTISTE PITOIN, & NICOLAS-CLEMENT BENOIST, *Directeurs-Gardes en Charge.*

Du 30. Janvier 1738.

EXTRAIT DES REGISTRES DU PARLEMENT.

VEU par la Cour les Lettres Patentes du Roi, données à Versailles au mois de Mars 1730. signé LOUIS, & sur le repli par le Roi, PHELIPEAUX, & scellées en lacs de soye rouge & verte du grand Sceau de cire verte, obtenues par les Directeurs, Corps & Communauté de l'Académie de Saint Luc des Arts de Peinture, Sculpture, Gravûre, Dorure, Marbrerie, Desseins lavez de coloris sur toutes sortes de papiers, étoffes, toile, canevas & autres choses sur lesquelles le Pinceau peut & doit employer de la couleur, soit en huile ou en détrempe, dans l'étendue de la Ville, Faux-bourgs & Banlieue de Paris, par lesquelles, pour les causes y contenues, le Seigneur Roi a approuvé, confirmé & autorisé les Statuts de ladite Communauté & Académie, contenus en soixante & douze Article, veut & lui plaît qu'ils soient gardez selon leur forme & teneur par les Impétrans, leurs Successeurs en ladite Communauté & Académie, & tous autres, sans qu'il y soit contrevenu, pourvû toutesfois qu'en iceux il n'y ait rien de contraire aux Ordonnances dudit Seigneur Roi, ni de préjudiciable à ses droits & à ceux d'autrui, & ainsi qu'il est plus au long contenu esdites Lettres Patentes à la Cour adressantes, lesdits Statuts en soixante-

& douze Articles. Ouï le Rapport de Me Charles-Vincent de Salabery, Conseiller : tout considéré.

LA COUR ordonne que lesdites Lettres Patentes confirmatives desdits nouveaux Statuts, ensemble lesdits Statuts, seront enregistrez au Greffe de la Cour, pour être lesdites Lettres & lesdits Statuts exécutez selon leur forme & teneur, & jouïr par lesdits Impétrans & ceux qui leur succéderont en leurdite Communauté, de l'effet & contenu esdites Lettres & Statuts, suivant & conformément aux Arrêts de la Cour des 20. Juin & 7. Septembre 1736. 30. Mars, 21. Juin & 22. Août 1737. & aux charges, clauses, conditions & exceptions y contenues, & notamment à la charge que le terme & qualité de *Corps* inféré dans l'intitulé desdits Statuts, & dans lesdites Lettres Patentes, demeurera supprimé, & qu'en conséquence les Impétrans se qualifieront simplement Directeurs & Gardes de ladite Communauté & Académie de Saint Luc, & sans que sous prétexte de l'Article 5. les Impétrans puissent faire ni vendre aucuns Instrumens de Mathématiques, comme Regles, Compas & autres choses semblables, ni que les défenses & prohibitions portées par l'Article 6. & autres, & les dénominations & qualitez y employées puissent s'entendre ni avoir lieu à l'égard des Miroitiers, en ce qui concerne les Ouvrages qu'ils sont autorisez de faire par leurs Statuts du mois d'Août 1581. Lettres Patentes confirmatives du mois de Décembre 1611. & Arrêt d'enregistrement d'iceux du 17. des mêmes mois & an, comme aussi à la charge que les défenses portées par l'Article 6. ne pourront s'entendre & avoir lieu à l'égard de la Communauté des Maîtres Graveurs en ce qui concerne la Gravûre sur tous métaux ; & que les Impétrans ne pourront se donner aucun droit de graver ni tailler sur aucuns métaux, en quelque sorte & maniere que ce soit, lequel droit de graver & tailler sur or, argent, cuivre, laton & autres métaux, tous Sceaux, Cachets, Marques particulieres, Chiffres en creux, Relief, Poinçons de Frize, Bordures & autres Ornemens, appartiendra exclusivement ausdits Graveurs, conformement à leurs Statuts du mois de Juin 1660. & Arrêt d'enregistrement d'iceux du 15. Mai 1662. & pareillement à la charge que lesdits Impétrans ne pourront vendre les Evantails qu'ils sont autorisez de peindre par l'Arrêt de la Cour du premier Septembre 1731. à d'autres qu'aux Marchands Merciers & Maîtres Evantaillistes ; à l'effet dequoi ils seront tenus d'avoir un Registre sur lequel ils inscriront jour à jour les noms desdits Marchands Merciers &E vantaillistes ausquels ils vendront les feuilles & bâtons ou bois d'évantails qu'ils auront peints & mis en couleur, & permet en cas de contravention aux Jurez Evantaillistes d'aller en visite chez les Impétrans, assistez d'un Commissaire au Châtelet, & avec permission du Lieutenant Général de Police, à la charge en outre que les bordures & matieres de composition faisant partie des ouvrages prohibez par l'Article 39. desdits Statuts, demeureront exceptées de ladite prohibition, & pourront continuer d'être faites par les Peintres & Sculpteurs, pourvû & non autrement que lesdites matieres de composition qu'ils employeront à faire lesdites bordures soient dures, bien mastiquées, & non de plâtre, & que pour les connoître & distinguer ils inscriront au revers desdites bordures, ces termes, *Ouvrages de composition*, avec leurs noms en écriture apparente, le tout à peine de confiscation, de trois cent livres d'amende, même de déchéance de Maîtrise, s'il y échet, & sans que les Filles & Femmes aspirantes à la Maîtrise puissent être reçûes Maîtresses qu'elles ne soient âgées au moins de dix-huit ans, si ce n'est qu'elles ne fussent Filles de Maîtres, & qu'il sera ajoûté en l'Article 49. desdits Statuts, comme aussi à l'Article 50. que les Jurez & Gardes de ladite Commuuauté seront tenus de se transporter le plus souvent qu'il se pourra & sans frais chez les Aspirans, pour les voir travailler aux Chefs-d'œuvre qu'ils doivent présenter, & sans que sous prétexte de l'Article 56. & sous prétexte du plus grand nombre d'Anciens, il y en ait plus de douze qui puissent être payez du droit de présence, ni que le nombre des Jeunes Maîtres puissent être augmentez; comme aussi être ordonné que les Articles 64. & 69. desdits Statuts demeureront supprimez; & en conséquence les Maîtres Peintres & Sculpteurs pourront conformément à l'Arrêt de la Cour du 16. Décembre 1721. employer l'argent verni dans les bordures, pieds de Tables & de Chaises, & autres Ouvrages généralement quelconques, à la charge par eux de mettre & inscrire au revers desdits Ouvrages ces termes, *argent verni sans or*, & d'y ajoûter leurs noms, le tout d'une écriture apparente, ensemble de porter par eux lesdits Ouvrages au Bureau de la Communauté des Peintres & Sculpteurs, pour y être par les Jurez d'icelle marquez au revers d'un fer chaud, à l'effet que le Public ne puisse s'y méprendre, le tout à peine de confiscation, de trois cent livres d'amende, même de déchéance de la Maîtrise s'il y échet, & sans que l'exécution des Sentences de Police ordonnée par aucuns Articles desdits Statuts puisse empêcher les Appellations qui pourroient en être interjettées ; & avant faire droit sur les droits du Substitut du Procureur Général du Roi, pour les Réceptions à la Maîtrise portez par les Articles 51. 53. 56. & prétendus droits de son Clerc, ordonne que dans six mois le Substitut du Procureur Général du Roi sera tenu de rapporter au Greffe d'icelle les Edits, Déclarations, Lettres Patentes, Arrêts de la Cour ou autres Titres desdits droits, pour être lesdits Titres communiquez au Procureur Général du Roi, & pourvû par la Cour ainsi qu'il appartiendra ; au surplus, fait inhibitions & défenses ausdits Jurez & Gardes desdits Peintres & Sculpteurs, de donner à l'avenir aucunes Permissions tant aux Filles & Femmes, qu'Hommes & Garçons, de travailler de la Profession avant que d'être reçûs Maîtres ou Maîtresses, & avoir prêté serment, soit en prenant & recevant des à comptes sur leurs Maîtrises ou autrement, & ce sous peine de destitution de la Jurande, même de la Maîtrise s'il y échet ; leur enjoint de tenir la main à l'exécution desdits Statuts, & du présent Arrêt, & d'informer exactement les Officiers de Police des contraventions qui pourroient y être faites, pour y être pourvû suivant l'exigence des cas, le tout sans préjudice aux Merciers-Grossiers-Jouailliers, de leur droit général de Visite sur tous les Marchands Forains, les défenses desdits Impétrans au contraire ; & ayant égard à la Requête présentée à la Cour par lesdits Impétrans le 7. Janvier 1738. ordonne que le premier Article desdits Statuts concernant l'Académie de Saint Luc sera réformé, en ce qu'on y a datté par erreur les Lettres Patentes en forme de Déclaration du 17. Novembre 1725. lesquelles demeureront dattées du 17. Novembre 1705. qui est leur véritable datte, & comme aussi ordonne suivant & conformement à l'Arrêt d'enregistrement d'icelles du 7. Janvier 1706. que les Gardes-Jurez de ladite Communauté rendront compte tous les ans de leurs deniers pardevant le Lieutenant Général de Police & le Substitut du Procureur Général du Roi au Châtelet. Fait en Parlement le 30. Janvier 1738. Collationné. Signé DAUVERGNE avec paaphe, & DUFRANC, avec paraphe.

LE VACHER, *Procureur de la Communauté des Peintres & Sculpteurs de l'Académie de Saint Luc.*

ARREST
DE LA COUR DE PARLEMENT,

QUI fait main-levée des Oppositions faites à l'enregistrement des Lettres Patentes & nouveaux Statuts accordez par le Roi à la Communauté & Académie de Saint Luc, à la poursuite & diligence de Messieurs CESARD-DAILLE LEFEBVRE, SIMON MOREAU, HENRI CLIQUET, & GUILLAUME BOUCLET, Directeurs-Gardes en Charge de ladite Académie.

Du 20. Juin 1736.

LOUIS, par la grace de Dieu, Roi de France & de Navarre : Au premier des Huissiers de notre Cour de Parlement, ou autre notre Huissier ou Sergent sur ce requis. Sçavoir faisons; Qu'entre Simon Bezançon & Consors, Maîtres, Anciens, Modernes & Jeunes de la Communauté des Peintres & Sculpteurs de l'Académie de Saint Luc, Demandeurs en Requête du 12. Janvier 1729 & Défendeurs d'une part, & les Maîtres & Gardes de la Communauté des Peintres & Sculpteurs de l'Académie de Saint Luc, des Arts de Peinture, Sculpture, Gravûre & Dorure, Marbrerie, Desseins lavez de coloris sur toutes sortes de papiers, étoffes, toiles, canevas & autres choses sur lesquelles le Pinceau peut & doit employer de la couleur, soit en huile ou en détrempe, dans l'étendue de la Ville, Fauxbourgs & Banlieue de Paris, Défendeurs & Demandeurs en Requête du 5. Août 1730. d'autre part : Et entre les Directeurs, Corps & Communauté de l'Académie de Saint Luc des Arts de Peinture & Sculpture, Demandeurs aux fins de la Requête & Exploit du 5. Août 1730. d'une part; & Gabriel-Jacques Cressé, Défendeur, d'autre : Et entre lesdits Directeurs, Corps & Communauté de l'Académie de Saint Luc des Arts de Peinture & Sculpture, Demandeurs en Requête & Exploit du 5. Août 1730. d'une part; & Pierre Contat & Consors,

Peintres & Sculpteurs, Défendeurs, d'autre: Et entre Pierre Contat, Antoine Portier, Charles Jourdan, Jean Paſſepain & autres, Maîtres Peintres & Sculpteurs & Doreurs à Paris, Demandeurs en Requête du 29. Janvier 1732. d'une part; & leſdits Directeurs, Corps & Communauté de ladite Académie de Saint Luc, de Peinture & Sculpture, Défendeurs, d'autre: Et entre les Jurez en Charge de la Communauté des MaîtresEvantailliſtes à Paris, Demandeurs en Requête d'Intervention du 19. Février 1732. d'une part; & les Jurez, Corps & Communauté de l'Académie de Saint Luc des Arts de Peinture, Sculpture, Dorure & Enluminure, Défendeurs, d'autre: Et entre leſdits Jurez en Charge de ladite Communauté des Evantailliſtes de Paris, Demandeurs en Requête du 29. Février 1732. d'une part; & leſdits Directeurs, Corps & Communauté de l'Académie de Saint Luc des Arts de Peinture, Sculpture, Dorure, Marbrerie, Deſſeins lavez de coloris ſur papier, étoffes, toiles, canevas & autres choſes ſur leſquelles le Pinceau peut & doit employer de la couleur, Défendeurs, d'autre: Et entre leſdits Directeurs, Corps & Communauté de l'Académie de Saint Luc des Arts de Peinture, Sculpture, Gravûre, Dorure, Marbrerie, Deſſeins lavez de coloris ſur toutes ſortes de papiers, étoffes, toiles, canevas & autres choſes ſur leſquelles le Pinceau peut & doit employer de la couleur, ſoit en huile ou en détrempe, Demandeurs en Requête du 29. Mai 1732. d'une part; & leſdits Pierre Contat & Conſors, Défendeurs, d'autre: Et entre leſdits Directeurs, Corps & Communauté de l'Aacadémie de Saint Luc, Appellans d'une Sentence de Police du Châtelet de Paris du 21. Mai 1723. & Demandeurs en Requête du 6. Juillet 1734. d'une part; & Simon Bezançon, Eloi Fontaine, André Tremblain & Conſors, Maîtres Peintres, Sculpteurs, Anciens, Modernes & Jeunes, Intimez & Défendeurs, d'autre: Et entre leſdits Gardes & Jurez en Charge de la Communauté des Maîtres & Marchands Evantailliſtes de Paris, Demandeurs en Requête du 13. Août 1734. d'une part; & leſdits Directeurs, Corps & Communauté de l'Académie de Saint Luc, Défendeurs, d'autre: Et entre les Syndic, Jurez en Charge, Corps & Communauté des Maîtres Graveurs à Paris, Demandeurs en Requêtes des 21. Août & premier Septembre 1734. & Défendeurs, d'une part; & leſdits Directeurs, Corps & Communauté des Arts de de Peinture & Sculpture & Académie de Saint Luc à Paris, Défendeurs & Demandeurs en Requête du 28. Août 1734. & les Jurez

rez & Communauté des Maîtres & Marchands Evantailliſtes à Paris, Défendeurs, d'autre part : Et entre les Jurez en Charge de la Communauté des Maîtres Fondeurs en terre, & ſable, Sonnetiers, Boſſetiers, Ciſeleurs & Faiſeurs d'Inſtrumens de Mathématique de cette Ville de Paris, Oppoſans à l'enregiſtrement des Lettres Patentes ſur nouveaux Statuts accordez à ladite Communauté des Peintres & Sculpteurs, ſuivant l'Acte reçu au Greffe de notredite Cour le 23. Novembre 1734. d'une part ; & les Directeurs, Corps & Communauté des Arts de Peinture, Sculpture & Académie de Saint Luc, Défendeurs & Demandeurs en Requête du 29. dudit mois, d'autre part ; & ladite Communauté des Maîtres Fondeurs, Défendereſſe & Demandereſſe en Requête du 20. Décembre 1734. d'une part ; & leſdits Directeurs, Corps & Communauté des Arts de Peinture & Sculpture & Académie de Saint Luc, la Communauté des Marchands Evantailliſtes, Simon Bezançon & Conſors, Défendeurs, d'autre : Et entre les Gardes du Corps des Maîtres & Marchands Orfévres-Jouailliers de la Ville de Paris, Oppoſans à l'enregiſtrement deſdits Statuts & Lettres Patentes, par Acte reçu au Greffe de notredite Cour le 22. Décembre 1734. d'une part ; & leſdits Directeurs, Corps & Communauté des Arts de Peinture & Sculpture, Défendeurs : Et entre leſdits Directeurs, Corps & Communauté des Arts de Peinture & Sculpture, Demandeurs en Requête du 17. Décembre 1734. d'une part ; & leſdits Gardes du Corps des Maîtres Orfévres, Défendeurs, d'autre : Et entre leſdits Maîtres & Gardes du Corps des Marchands Orfévres, Demandeurs en Requête du 22. Septembre 1734. d'une part ; & la Communauté des Maîtres Evantailliſtes, celle des Graveurs, les Sieurs Bezançon & Conſors, & les Directeurs, Corps & Communauté des Arts de Peinture & Sculpture, Défendeurs, d'autre : Et entre leſdits Maîtres & Gardes des Marchands Orfévres-Jouailliers, Demandeurs en Requête du 9. Mars 1735. d'une part ; & leſdits de l'Académie de Saint Luc, Défendeurs, d'autre : Et entre leſdits Directeurs, Corps & Communauté & Académie de Saint Luc, Demandeurs en Requête du 11. Mars 1735. d'une part ; & la Communauté des Orfévres, Défendeurs, d'autre : Et entre leſdits Jurez en Charge de la Communauté des Maîtres Fondeurs en terre & ſable à Paris, Sonnetiers, Boſſetiers, Ciſeleurs & Faiſeurs d'Inſtrumens de Mathématique, Demandeurs en Requête du 26. Mars 1735. d'une part ; leſdits Directeurs, Corps & Communauté de l'Académie de Saint Luc, leſdits Syndic & Jurez de la Communauté des Maîtres Graveurs, lesdits Jurez & Communauté des Evantaillistes, Simon Bezançon & Consors, Défendeurs, d'autre : Et entre lesdits Jurez en Charge, Corps & Communauté des Maîtres Graveurs à Paris, Demandeurs en Requête du 20. Mai 1735. d'une part ; & lesdits Directeurs, Corps & Communauté & Académie de Saint Luc des Arts de Peinture & Sculpture, Défendeurs, d'autre part. VEU par notredite Cour la Requête du 12. Janvier 1729. présentée par Bezançon, demeurant rue Saint Romain, Eloi Fontaine demeurant rue Saint Severin, André Tremblain demeurant Quai de Gêves, Lefebvre demeurant Quai Pelletier, Guillaume Roussel demeurant rue Saint Martin proche Saint Julien, Denis Gervais demeurant rue neuve Saint Roch, Paroisse de Bonne-Nouvelle, Voiriot demeurant rue Saint Denis, vis-à-vis la Fontaine du Ponceau, Morel demeurant sur le Pont de Notre-Dame, Delahaye demeurant rue des Petits-Champs, Maubon demeurant rue Plâtriere, Liegeois demeurant sur le Quai de Gêvres, de Cansy demeurant Cloître Saint Germain de l'Auxerrois, Passinge demeurant sur le Quai Pelletier, Vaubredat demeurant Cloître Saint Germain de l'Auxerrois, Delahaye demeurant Quai Pelletier, Drouat demeurant rue Plâtriere, Claude Michelard demeurant Pont Notre-Dame, le Clerc demeurant rue du Mouton, Boco demeurant sur le Pont Notre-Dame, Morant demeurant rue Guénegault, André de Reige demeurant rue de la Pelleterie, & Pierre de Launay demeurant Quai de Gêvres, tous anciens Maîtres, Modernes & Jeunes Maîtres de la Communauté des Peintres & Sculpteurs de l'Académie de Saint Luc, contenant leur demande à ce qu'ils fussent reçûs Opposans à l'enthérinement des Letrres obtenues sur les Statuts & Reglemens de ladite Communauté des Maîtres Peintres-Sculpteurs de l'Académie de Saint Luc, il fût ordonné que lesdits Bezançon & Consors auroient communication desdits Statuts & Lettres Patentes obtenues sur iceux, pour après ladite communication, faire & dire par eux ce qu'il appartiendroit, & en cas de contestation, les Contestans fussent condamnez aux dépens. Requête & Demande desdits Directeurs, Corps & Communauté de l'Académie Royale de Saint Luc, du 5. Août 1730. à ce qu'attendu qu'il s'agissoit de l'enregistrement des Lettres Patentes adressées à notredite Cour, il leur fût permis d'y faire assigner Gabriel-Jacques Cressé, tant pour lui que pour autres, tous Maîtres Peintres & Sculpteurs, Modernes

& Jeunes, au domicile par eux élû chez Poizot, Procureur en notredite Cour, Simon Bezançon, Eloi Fontaine, André Tremblain, Lefebvre, Liegeois, Guillaume Roussel, Denis Gervais, Voiriot, Morel, de la Haye, Maubon, de Cansy, Passinge, Vauberdat, de la Haye, Charles Drouart, Claude Michelard, le Clerc, Boco, Morant, André de Reige, Pierre Delaunay, aussi tous Maîtres Peintres & Sculpteurs, Anciens, Modernes & Jeunes, au domicile par eux élû chez Macaire Dubourneuf, Pierre Contat & Consors, aussi Maîtres Peintres & Sculpteurs, au domicile par eux élû en la Maison de François Brigeon, Procureur au Châtelet, scise cul de sac Sainte Marine, pour voir dire qu'ils seroient tenus de venir conclure sur les Oppositions formées à leur Requête par Exploits des 12. Septembre 1724. 26. Mars 1727. 14. Janvier 1729. & 12. Janvier 1730. entre les mains de notre Procureur Général, à l'enregistrement des Lettres Patentes, portant confirmation des nouveaux Statuts, & en conséquence que sans avoir égard à leurs Oppositions dont main-levée pure & simple seroit faite ausdits Directeurs, Corps & Communauté de l'Académie de Saint Luc, il seroit passé outre à l'enregistrement des Lettres Patentes, & à l'homologation desdits nouveaux Statuts, pour être exécutez selon leur forme & teneur, & en cas de contestations que les Contestans fussent condamnez aux dépens; au bas de laquelle Requête est l'Ordonnance de notredite Cour, portant, soient Parties appellées, & Exploit étant ensuite du même jour 5. Août 1730. d'Assignation ausdits Jacques Cressé, tant pour lui que pour autres, tous Maîtres Peintres & Sculpteurs, Modernes & Jeunes, au domicile par eux élû chez Poizot, Procureur en notredite Cour, scise rue de la Harpe, en son domicile parlant à son Clerc, à Simon Bezançon, & autres susnommez au domicile de Macaire Dubourneuf, Procureur en notredite Cour, rue Zacharie près la Place Maubert à Paris, en parlant à son Clerc; à Pierre Contat & Consors, aussi Maîtres Peintres & Sculpteurs, au domicile dudit Brigeon Procureur au Châtelet, cul de sac de Sainte Marine, en parlant à son Clerc, à comparoir en notredite Cour pour répondre & procéder sur & aux fins desdites Requête & Ordonnance, & en outre comme de raison à fin de dispense. Défenses desdits Sieurs Bezançon, André Tremblain & autres du 29. Novembre 1730. contre ladite demande. Repliques desdits de l'Académie de Saint Luc du 12. Décembre audit an. Addition de défenses desdits Sieurs Bezançon & autres du 11. Janvier 1731. Arrêt du 25. Mai 1731. d'appointé en droit sur les Demandes & Défenses. Avertissement desdits Directeurs de l'Académie de Saint Luc des Arts de Peinture, Gravûre & autres du 26. Juillet 1731. Avertissement desdits Bezançon, Tremblain, Lefebvre & autres, du 16. Février 1732. Productions respectives desdites Parties. Contredits desdits de l'Académie de Saint Luc du 13. Mai 1732. contre la Production dudit Bezançon & autres. Sommations faites ausdits Bezançon & autres, de contredire la Production desdits de l'Académie de Saint Luc. Requête desdits Directeurs, Corps & Communauté de l'Académie de Saint Luc, du 10. Mai 1734. employée pour Additions de Contredits contre la Production faite par lesdits Bezançon, André Tremblain & Consors, en exécution dudit Arrêt du 25. Mai 1730. Défenses fournies par ledit Jacques Cressé le 16. Janvier 1731. contre la Demande desdits Directeurs, Corps & Communauté de l'Académie de Saint Luc, portée par leursdites Requête, Ordonnance & Exploit du 5. Août 1730. Arrêt du 10. Décembre 1731. d'appointé en droit & joint à l'Instance sur lesdites Demandes & Défenses. Productions des Parties suivant ledit Arrêt, celle desdits Sieurs de l'Académie de Saint Luc, par Requête du 29. du même mois de Décembre, aussi employée pour Avertissement, & celle dudit Jacques Cressé, par Requête du 12. Janvier 1732. pareillement employée pour Avertissement, & contenant Demande à ce qu'il fût ordonné que les Sentences de Police des 4. Août 1724. & 15. Juin 1725. seroient exécutées selon leur forme & teneur; en conséquence les Jurez & Gardes des Maîtres Peintres & Sculpteurs fussent déboutez de leur Demande & condamnez aux dépens, sauf audit Cressé à prendre par la suite telles autres Conclusions qu'il aviseroit bon être, après qu'il auroit pris communication de l'Instance & des Statuts que lesdits de l'Académie de Saint Luc prétendoient avoir obtenus, dont ils demandoient l'enthérinement, & sans préjudice de ses autres droits & actions, au bas de laquelle Requête est l'Ordonnance de notredite Cour qui a donné Acte de l'emploi y porté, & au surplus auroit réservé à y faire droit sur ladite Demande en jugeant. Requête desdits Directeurs, Corps & Communauté de ladite Académie de Saint Luc du 10. Juin 1732. employée pour Contredits contre la Production dudit Cressé, ensemble pour Défenses contre sa Demande en jugeant du 12. Janvier précédent. Défenses fournies par Pierre Contat & Conſors, le premier Décembre 1730. contre la même Demande deſdits Directeurs, Corps & Communauté de l'Académie de Saint Luc, portée par leurs ſuſdites Requête, Ordonnance & Exploit du 5. Août précédent. Arrêt du 12. Janvier 1732. d'appointé en droit & joint à l'Inſtance ſur leſdites Demandes & Défenſes. Productions des Parties ſuivant ledit Arrêt, celle deſdits Directeurs & Communauté de l'Académie de Saint Luc des Arts de Peinture & Sculpture, par Requête du 21. dudit mois de Janvier, auſſi employée pour Avertiſſement, & celle deſdits Pierre Contat, Nicolas Contat & Conſors, par leur Invenraire ſignifié le 11. Février 1732. Requête deſdits Contat & Conſors du 29. Janvier 1732. employée pour Avertiſſement en exécution dudit Arrêt, & contenant Demande à ce qu'ils fuſſent reçûs Oppoſans aux Articles 2. 22. 36. 49. 50. & 58. des nouveaux Statuts fabriquez par les Jurez, Corps & Communauté de l'Art de Peinture, Sculpture & Dorure de l'Académie de Saint Luc, & à l'enregiſtrement des Lettres Patentes obtenues ſur iceux par rapport auſdits Articles, ce faiſant, il fût ordonné premierement par rapport à l'Article 2. que l'Article premier des anciens Statuts de 1391. les Lettres Patentes du Roi Henri III. du 2. Novembre 1592. enregiſtrées & vérifiées en notredite Cour le 2. Août 1583. les Articles 8. 9. 31. & 32. des Statuts confirmez par Louis XIII. enſemble l'Arrêt de notredite Cour du 9. Mars 1679. ſeroient exécutez ſelon leur forme & teneur, en conſéquence, qu'il ſeroit ajoûté audit Article que nul ne pourroit être à l'avenir admis à la Maîtriſe de l'Art de Peinture & Sculpture qu'il n'eût fait cinq années d'apprentiſſage chez un Maître, ſervi enſuite quatre autres années chez un Maître en qualité de Compagnon, & qu'il n'eût fait un Chef-d'œuvre dont le fond ſeroit de trois pieds & demi ſans comprendre la bordure, lequel fond ſeroit préſenté aux Maîtres avec le deſſein pour le faire voir aux Gardes & Bacheliers auparavant de le commencer, lequel Chef-d'œuvre il ſeroit tenu de faire au logis de l'un des Gardes, le tout à peine de nullité deſdites Réceptions; il fût ordonné pareillement qu'à chaque Réception d'Aſpirant ayant les qualitez & capacitez ci-deſſus requiſes, les Jurez & leurs Succeſſeurs ne pourroient y appeller à l'avenir que les douze Anciens & les ſix Jeunes & Modernes, ainſi qu'il eſt porté par les Statuts, Reglemens & Arrêts de notredite Cour de 1679. & ce à tour de rôle, & qu'ils ne pourroient prendre les droits plus forts qu'ils ne leur étoient attribuez par iceux, & que le droit des abſens ſeroit mis dans la boëte de la Communauté pour être appliqué à ſon profit, avec défenſes d'y pouvoir appeller plus grand nombre, à peine de reſtitution de ce qui auroit été touché par ceux qui auroient excédé ledit nombre des Anciens & auroient été abſens, & de tous dépens, dommages & intérêts : il fût ordonné que ledit Arrêt de notredite Cour de 1679. & les Sentences du Châtelet des 4. Août 1724. & 15. Juin 1725. ſeroient auſſi exécutez ſelon leur forme & teneur, & en conſéquence les Jurez du Corps & Communauté de l'Académie de Saint Luc fuſſent condamnez par corps ſolidairement, & ceux qui leur ſuccéderoient, à rapporter & reſtituer au profit du Bureau de ladite Communauté, ce qu'eux, leurs Prédéceſſeurs, & ceux qui excéderoient le nombre de douze Anciens avoient touché de toutes les Réceptions d'Aſpirans qui avoient été faites depuis l'Arrêt de notredite Cour de 1679. même les droits qui avoient été payez aux abſens, avec les intérêts du jour que leſdites ſommes avoient été reçûes, & à cet effet qu'ils ſeroient tenus de repréſenter dans un mois du jour de la ſignification de l'Arrêt qui interviendroit, la planche des Mandats qui contient que tous les Anciens ſeroient mandez à la Réception de chaque Aſpirant, enſemble le Regiſtre des Récipiendaires depuis ledit tems, pour connoître à quelle ſomme pourroient monter les droits perçus injuſtement, comme auſſi que ladite Planche contenant le Mandat de tous leſdits Anciens ſeroit caſſée & demeureroit ſupprimée à l'avenir, avec défenſes auſdits Jurez de n'en plus faire, ni ſouffrir qui contiennent plus grand nombre d'Anciens que celui de douze, & de Jeunes & Modernes que celui de ſix, à peine d'amende & de tous dépens, dommages & intérêts. Secondement. Par rapport à l'Article 22. que ledit Contat & autres Jeunes & Modernes Peintres, ſeroient maintenus dans le droit de ſe pouvoir trouver au nombre de quarante, ſçavoir, vingt de l'un, & vingt de l'autre, ſans aucune diminution, aux Aſſemblées qui ſe font au Bureau le lendemain de la Fête de Saint Luc, pour l'Election de deux Directeurs-Gardes entrans, ſauf à prendre ſi bon leur ſembloit, au-deſſus dudit nombre de quarante, trois Officiers en exercice, ſçavoir, le Profeſſeur, l'Adjoint & le Conſeiller, leſquels recevroient comme Anciens le droit. Troiſiémement. Par rapport à l'Article 36. que ledit Contat & Conſors, & autres Jeunes Peintres & Modernes, ſeroient pareillement maintenus dans le droit de ſe trouver au nombre de vingt aux Aſſemblées qui ſe font à chaque Reddition de

Compte des Jurez en Charge, sçavoir moitié de Jeunes & moitié de Modernes, sauf à prendre si l'on vouloit, trois Officiers qui seroient de mois au-dessus dudit nombre des Jeunes & Modernes sans aucune diminution d'icelui. Quatriémement. Par rapport aux Articles 49. 50. & 58. il fût ordonné que les Statuts, Ordonnances & Reglemens, & entr'autres l'Article 34. & dernier des Statuts confirmez par Louis XIII. seroient exécutez selon leur forme & teneur; en conséquence, que lesdits Articles 49. & 58. seroient totalement supprimez; & le mot Aspirant ôté & retranché de l'Article 50. & que les Filles & Femmes seroient & demeureroient exclues entierement de l'Article de Peinture & Sculpture, à l'exception des filles de Maîtres nées postérieurement à la réception de leur pere, laquelle pourroit épousant un Compagnon, l'affranchir de l'apprentissage & non du Chef-d'œuvre, auquel il seroit sujet comme les autres Apprentifs; déclarer nulles les Réceptions des nommées Lasnier femme de Pierre Sirois Vitrier, Sirois fille d'autre Vitrier, Saulnier fille d'un Tabletier & autres, avec défenses à elles & à toutes autres qui pourroient avoir été reçûes, de se mêler à l'avenir en façon quelconque du Commerce de l'Art de Peinture & Sculpture, ni de tenir aucune Boutique ouverte, à peine de confiscation & d'amende, & aux Jurez en Charge & ceux qui leur succéderoient d'admettre à l'avenir à la Maitrise dudit Art aucunes filles ni femmes de quelque qualité que ce fût, à peine de tous dépens, dommages-intérêts, & d'amende telle qu'il plairoit à notredite Cour arbitrer, & les Jurez, Corps & Communauté de l'Académie de Saint Luc fussent condamnez aux dépens, sans préjudice ausdits Contat & autres, à attaquer dans la suite les autres Articles desdits nouveaux Statuts qui pourroient renfermer quelqu'abus & quelques contraventions aux anciens Statuts, & à prendre sur iceux telles fins & conclusions qu'il appartiendroit; au bas de laquelle Requête employée pour Ecritures & Productions sur ladite Demande, est l'Ordonnance de notredite Cour qui l'a réglé en droit & joint, & donné Acte de l'emploi. Contredits desdits Directeurs & Communauté de Saint Luc du 24. Mai 1732. contre la Production faite par lesdits Contat & Consors, en exécution dudit Arrêt du 12. Janvier précédent. Requête desdits de l'Académie de Saint Luc du 29. du même mois de Mai, employée pour Défenses contre la Demande desdits Contat & Consors du 29. Janvier précédent, Ecritures & Productions sur icelle. Requête desdits Contat & Confors du 12. Janvier 1733. employée pour Contredits contre la Production desdits Directeurs & Communauté de Saint Luc, aussi faite en exécution dudit Arrêt du 12. Janvier, & pour Salvations à leurs Contredits. Requête d'Intervention & Demande des Jurez en Charge de la Communauté des Maîtres Evantaillistes de Paris du 19. Février 1732. à ce qu'il leur fût donné Acte de l'emploi du contenu en leur Requête pour Moyens d'intervention; en conséquence ils fussent reçûs Opposans à l'enregistrement des Lettres Patentes surprises sur les nouveaux Statuts de la Communauté de Peinture, par rapport aux Articles 2. 40. 50. 56. 57. & 58. faisant droit sur ladite Opposition, & réformant ou retranchant lesdits Articles, ou y ajoûtant, il fût ordonné que conformément aux anciens Statuts de ladite Communauté, qu'il ne seroit reçu dans icelle que des Hommes ou Garçons d'un âge compétent & raisonnable, qui seroient jugez capables de l'exercice de l'Art de Peinture & Sculpture par un Chef-d'œuvre qui seroit par eux fait dans le logis de l'un des Gardes, conformément à l'Article 31. des Statuts de ladite Communauté, & suivant les autres formalitez prescrites par ledit Article; comme aussi qu'il ne seroit reçu aucun Aspirant qu'après un apprentissage de cinq années chez un Maître de ladite Communauté; défenses fussent faites aux Jurez des Gardes & Communauté desdits Maîtres Peintres, de recevoir dans ladite Communauté aucunes Filles & Femmes, & aucuns Enfans en bas âge, ni d'autres personnes que ceux qui auroient les qualitez ci-dessus expliquées; il fût ordonné que les Fils & Gendres des Maîtres demeureroient seulement dispensez dudit apprentissage, mais qu'ils ne pourroient être reçus sans faire ledit Chef-d'œuvre, le tout suivant l'Article 34. desdits Statuts de 1619. les Réceptions qui avoient été faites des Filles, Femmes & Enfans, & autres personnes n'ayant les qualitez requises, fussent déclarées nulles; défenses leur fussent faites de faire aucun exercice de la Peinture & Sculpture, & généralement de peindre aucuns bois, papiers, peaux ou taffetas d'Evantails, quand même ils en seroient requis par quelque Maître de ladite Communauté desdits Maîtres Evantaillistes, & en cas de contestations les Contestans fussent condamnez aux dépens, sauf à eux à prendre dans la suite telles autres Conclusions, & sans préjudice de tous leurs autres droits & prétentions, qu'ils se réservoient de faire valoir quand & ainsi ils aviseroient bon être. Arrêt du 10. Février 1372. qui auroit reçu la Communauté des Maîtres Evantaillistes

taillistes Partie intervenante, & pour faire droit sur son Intervention & Demande, auroit appointé les Parties en droit & joint à l'Instance des Parties. Productions des Parties suivant ledit Arrêt. Celle desdits Evantaillistes par leur Inventaire signifié le 29. du même mois de Février. Requête desdits Jurez en Charge de ladite Communauté des Maîtres Evantaillistes, du même jour 9. Février 1732. employée pour Avertissement en exécution dudit Arrêt, & contenant Demande à ce que toutes les fins & conclusions qu'ils avoient prises par leur Requête d'Intervention du 19. Février 1732. leur fussent adjugées, & ajoûtant à icelles il fût ordonné que les Lettres Patentes d'Henri III. du 22. Novembre 1582. vérifiées & enregistrées en notredite Cour le 2. Août 1683. seroient exécutées selon leur forme & teneur; en conséquence, que les Peintres & Jurez, Corps & Communauté de l'Académie de Saint Luc, ne pourroient dorénavant revevoir ni admettre à la Maîtrise de l'Art de Peinture, Sculpture, Dorure, aucuns Maîtres qu'ils n'eussent non seulement fait les cinq années d'apprentissage & le Chef-d'œuvre, ainsi & de la maniere qu'il étoit requis par les anciens Statuts & Réglemens, mais encore qu'ils n'eussent servi, après les cinq années de leur apprentissage, quatre ou cinq années en qualité de Compagnon chez un Maître de ladite Communauté des Peintres, le tout conformément ausdits Lettres Patentes & anciens Statuts & Réglemens de ladite Communauté desdits Peintres; au surplus fût ordonné que les Filles, Femmes de tel âge, qualité & condition qu'elles fussent, demeureroient exclues & inhabiles à pouvoir aspirer à être admises à la Maîtrise de l'Art de Peinture, Sculpture & Dorure, excepté les filles de Maître nées après la Réception de leur pere, qui pourroient seulement, épousant un Compagnon, lui procurer l'exemption de l'apprentissage, & non du service de Compagnon ni du Chef-d'œuvre, à quoi il demeureroit assujetti comme les autres Apprentifs, & en déclarant comme lesdits Maîtres Evantaillistes l'avoient demandé par leur Requête d'Intervention, les Réceptions desdites Filles & Femmes qui avoient été admises contre l'intention & l'esprit de tous les Statuts & Réglemens, nulles & abusives, défenses leur fussent faites de se mêler en aucune maniere du Commerce de la Peinture, Sculpture & Dorure, de tenir aucune Boutique ouverte, ni vendre de Marchandises dépendantes de ladite Profession, à peine de confiscation, de telle amende qu'il plairoit à notredite Cour arbitrer, & aux Jurez d'en plus admettre à l'avenir, sous même peine d'amende, & lesdits Jurez, Corps & Communauté de l'Académie de Saint Luc de l'Art de Peinture & Sculpture fussent condamnez en tous les dépens; au bas de laquelle Requête aussi employée pour Ecritures & Production sur ladite Demande, est l'Ordonnance de notredite Cour qui l'a reglé en droit & joint, & donné Acte de l'emploi. Deux Requêtes desdits Directeurs & Communauté de ladite Académie de Saint Luc, l'une employée pour Contredits contre la Production desdits Evantaillistes faite en exécution dudit Arrêt du 20. Février, & l'autre pour Défenses, Avertissement, Ecritures & Production, suivant la susdite Ordonnance. Requête desdits Jurez & Communauté des Evantaillistes, du 13. Mai 1733. employée pour Contredits contre la Production desdits Directeurs, Corps & Communauté des Peintres & Sculpteurs, & Académie de Saint Luc, aussi faite en exécution dudit Arrêt le 20. Février. Requête desdits de l'Académie de Saint Luc du 20. du même mois de Mai, employée pour Salvations. Requête & Demande desdits Directeurs, Corps & Communauté de l'Académie de Saint Luc, du 29. Mai 1732. à ce que lesdits Pierre Contat, Nicolas Contat, Antoine Portier, Charles Jourdan & Jean Pastepain, & autres, si aucuns il y avoit, fussent déclarez non-recevables dans l'Opposition par eux formée ès mains du Procureur Général du Roi par Exploit du 13. Janvier 1730. à l'homologation des nouveaux Statuts & enregistrement des Lettres Patentes accordées par le Roi à la Communauté des Peintres & Sculpteurs & Académie de Saint Luc, & dans toutes leurs autres Demandes & prétentions, & qu'ils fussent condamnez aux dépens; au bas de laquelle Requête aussi employée pour Fins de non-recevoir, Ecritures & Production, est l'Ordonnance de notredite Cour qui a reglé ladite Demande en droit & joint, & donné Acte de l'emploi. Requête de Pierre Contat, Antoine Portier & Charles Jourdan, Maîtres Modernes & Jeunes, du 12. Novembre 1732. employée pour Fins de non-recevoir, & en tant que de besoin contre la susdite Demande de l'Académie de Saint Luc, Avertissement, Ecritures & Productions sur icelles, en exécution & pour satisfaire à ladite Ordonnance, & tendante à ce que lesdits Directeurs, Corps & Communauté de l'Académie Royale de Saint Luc fussent déclarez non-recevables dans ladite Requête & Demande dudit jour 29. Mai 1732. & condamnez aux dépens; au bas de laquelle Requête est l'Ordonnance de notredite Cour qui a donné Acte de l'emploi y porté, & au surplus auroit réservé d'y faire droit en jugeant. Requête desdits Directeurs, Corps & Communauté de l'Académie de Saint Luc, du 12. Janvier 1733. employée pour défense contre ladite Demande en jugeant desdits Contat & consors. Production nouvelle desdits de l'Académie de Saint Luc par Requête du 27. Mai 1732. & contredits contre icelle desdits Contat & Consors par Requête du 2. Juin 1733. Requête desdits de l'Académie de Saint Luc du 28. du même mois, employée pour Salvations. Arrêt de notredite Cour du 26. Novembre 1733. rendu sur les Conclusions de notre Procureur Général & sur Productions des Parties, par lequel avant faire droit notredite Cour auroit ordonné que l'Instance seroit communiquée au Lieutenant Général de Police & au Substitut de notre Procureur Général au Châtelet de Paris, pour donner leur Avis sur lesdits Statuts & Lettres Patentes, ensemble sur les motifs des Oppositions formées à aucuns Articles desdits Statuts, tant par lesdits Cressé, Bezançon, Contat, & leurs Consors, que par lesdits Jurez en Charge de la Communauté des Evantaillistes, pour ce fait ledit Avis & l'Instance communiquez à notre Procureur Général, être ordonné ce que de raison, dépens réservez. L'Avis du Lieutenant de Police & du Substitut de notre Procureur Général au Châtelet du 12. Mai 1734. donné en exécution dudit Arrêt. Sentence du Lieutenant de Police du 21. Mai 1733. dont est appel, rendue sur les Conclusions du Substitut de notre Procureur Général au Châtelet de Paris, par laquelle il auroit été permis ausdits Temblain & Delaunay, & autres Maîtres, de se servir de matieres de compositions pour appliquer & travailler sur les Bordures de Tabeaux, & autres, à la charge que lesdites matieres de composition seroient dures, bien mastiquées, & non de plâtre, & à la charge par lesdits Maîtres qui voudroient les employer de mettre & inserer au revers des Bordures (*Ouvrages de composition*) d'y ajoûter leurs noms, en sorte que ladite écriture soit apparente & gravée dans le bois au moins de l'épaisseur de deux lignes, & fait défenses de débiter des Ouvrages de semblable composition qu'ausdites conditions, à peine de confiscation & de 500. livres d'amende, dépens compensez ; sur les autres Demandes les Parties auroient été mises hors de Cour. Lettres de Relief d'Appel du 3. Juillet 1734. obtenues en la Chancellerie de notre Palais à Paris par lesdits Directeurs, Corps & Communauté de Saint Luc, contre ladite Sentence de Police du 21. Mai 1723. & leur Requête du 16. du même mois de Juillet 1734. à ce qu'en conséquence desdites Lettres leur dit appel fût tenu pour bien relevé, André Tremblain & Pierre Delaunay Intimez; faisant droit sur ledit appel, l'appellation & Sentence dont est appel fussent mises au néant, émendant, il fût adjugé ausdits de l'Académie de Saint Luc les Conclusions qu'ils avoient prises en l'Instance, avec dépens; au bas de laquelle Requête, aussi employée pour Ecritures & Production, est l'Ordonnance de notredite Cour qui a réglé ledit appel & la Demande en droit & joint, & donné Acte de l'emploi. Requête de Simon Bezançon, Eloi Fontaine, André Tremblain, & Consors, du 21. Juillet 1734. employée pour Réponses à Causes d'Appel, Avertissement, Ecritures & Production, suivant ladite Ordonnance. Requête desdits Directeurs, Corps & Communauté de ladite Académie de Saint Luc, du 10. Mai 1734. employée pour Additions de Contredits contre la Production nouvelle de Nicolas Contat & consors, du 6. Aout 1733. ensemble contre leurdite Demande portée par Requête du 29. Janvier 1723. par rapport à l'Article 2. desdits nouveaux Statuts. Production nouvelle desdits Bezançon, Fontaine, Tremblain, & autres, par Requête du 12. Juillet 1734. aussi employée pour Salvations contre les plus amples Contredits desdits de l'Académie Saint Luc portez par Requête du 10. Mai précédent. Requête desdits de l'Académie de Saint Luc contre la Production nouvelle desdits Bezançon, Tremblain, & autres, par Requête du 14. du même mois de Juillet. Salvations desdits Bezançon, Tremblain, & autres, par leur Requête de Réponses à Causes d'Appel du 21. dudit mois de Juillet. Requête desdits de l'Académie de Saint Luc, du 24. du même mois, employée pour Salvations & Réponses à celle desdits Bezançon, Tremblain & consors. Requête & Demande desdits Jurez en charge de ladite Communauté des Maîtres Evantaillistes de Paris, du 3. Aout 1734. à ce qu'il fût ordonné que les Articles 2. & 10. de leurs Statuts, l'Arrêt d'enregistrement d'iceux, la Sentence de Police du 5. Septembre 1698. & autres Réglemens rendus, seroient exécutez selon leur forme & teneur; ce faisant, lesdits Jurez & Communauté des Evantaillistes fussent reçûs Opposans à l'Article 3. des nouveaux Statuts de la Communauté des Peintres, & à l'enregistrement des Lettres Patentes obtenues sur iceux, en ce que ledit Article 3. porte que les Peintres auroient seuls la Peinture sur papier, carton, velin, toile, canevas, étoffes, toutes matieres propres à l'Evantail; en conséquence lesdits Jurez & Communauté des Evantaillistes fussent maintenus, suivant leurs Statuts & Réglemens, dans le droit de peindre les Evantails, leurs parties, & toutes matieres qui y sont propres, comme papier, carton, velin, toiles, étoffes, & autres matieres qui peuvent entrer dans la composition de l'Evantail, & lui être propre, il fût ordonné que lesdits Peintres & Sculpteurs ne pourroient à l'avenir, comme du passé, peindre les Evantails, ni toutes les matieres propres & qui peuvent servir, entrer & être préparées à la composition des Evantails, que sur la seule réquisition des Evantaillistes, & non autrement, & au surplus il fût adjugé ausdits Jurez & Communauté des Evantaillistes toutes les fins & conclusions qu'ils avoient ci-devant prises en l'Instance ; Acte leur fût donné de ce que pour toutes Ecritures & Production ils employoient le contenu en ladite Raquête, avec leurs Statuts & Requête, & les Peintres fussent condamnez aux dépens ; au bas de laquelle Requête est l'Ordonnance de notredite Cour qui a réglé ladite Demande en droit & joint, & donné Acte de l'emploi y porté. Requête desdits Directeurs, Corps & Communauté de Saint Luc, du 3. Septembre 1734. employée pour Défenses contre la Demande des Jurez & Communauté des Evantaillistes, du 3. Août précédent, Avertissement, Ecritures & Production sur icelle, suivant ladite Ordonnance, les Pieces y jointes. Requête d'Intervention & Demande des Syndic, Jurez en Charge, Corps & Communauté des Maîtres Graveurs à Paris, du 21. Août 1734. à ce qu'il leur fût donné Acte de l'emploi du contenu en leur Requête pour Moyens d'Intervention ; & faisant droit sur ladite Intervention, il fût ordonné qu'ils auroient communication de l'Instance, & notamment des Statuts & Reglemens que la Communauté des Maîtres Peintres & Sculpteurs prétendoient faire enregistrer, pour après ladite communication être par les Graveurs pris telles Conclusions qu'ils aviseroient bon être, & en cas de contestation, les Contestans fussent condamnez aux dépens, sans préjudice ausdits Maîtres Graveurs de tous leurs droits, actions & prétentions. Requête & Demande des Directeurs, Corps & Communauté de ladite Académie de Saint Luc, du 23. Août 1734. à ce que lesdits Syndic & Jurez en Charge des Maîtres Graveurs à Paris fussent déclarez non-recevables dans leur Intervention & Requête dudit mois, ou en tout cas ils en fussent déboutez & condamnez aux dépens. Autre Requête & Demande desdits Syndic, Jurez en Charge, Corps & Communauté des Maîtres Graveurs à Paris, du premier Septembre 1734. à ce qu'ils fussent reçus Opposans à l'engistrement que lesdits Peintres & Sculpteurs à Paris entendoient faire en notredite Cour des Statuts Reglemens de leur Communauté, qu'ils avoient obtenus; faisant droit sur l'Opposition, lesdits Peintres & Sculpteurs fussent déboutez de leur Demande afin d'engistrement des Articles des Statuts contraires aux droits desdits Graveurs, sauf à eux à expliquer lesdits Articles lorsqu'ils auroient pris connoissance desdits Statuts & Reglemens, & à prendre, expliquer, diminuer & augmenter les Conclusions qu'ils aviseroient bon être. Arrêt du 4. Février 1734. sans que les qualitez puissent nuire ni préjudicier, qui auroit reçu ladite Communauté des Maîtres Graveurs Partie intervenante, & pour faire droit sur le surplus des Requêtes & Demandes auroit appointé les Parties en droit & joint à ladite Instance pour leur être conjointement fait droit. Productions des Parties suivant ledit Arrêt, celle desdits Directeurs, Corps & Communauté de l'Académie de Saint Luc, par Requête du 22. Novembre 1734. aussi employée, celle desdits Graveurs par Requête du 23. dudit mois de Novembre, aussi employée pour Avertissement, & celle desdits Jurez & Communauté des Evantaillistes par Requête du même jour 23. Novembre, pareillement employée pour Avertissement. Contredits desdits Jurez & Communauté des Graveurs du 29. Juin 1735. contre la Production desdits de l'Académie de Saint Luc, Bezançon & Consors, servans aussi de plus ample Avertissement & de Moyens d'Opposition. Réponses desdits de l'Académie de Saint Luc, du 26. Février ensuivant, aux Moyens d'Opposition desdits Graveurs. Salvations desdits Graveurs du 11. Mai audit an. Contredits desdits de l'Académie de Saint Luc du 24. du même mois de Mai contre la Production desdits Graveurs, servans aussi de Réponses à leurs Ecritures du 11. dudit mois. Opposition du 13. Novembre 1734. faite au Greffe de notredite Cour par les Jurez en Charge de ladite Communauté des Maîtres Fondeurs en terre & sable, Sonnetiers, Bossetiers, & Ciseleurs & Faiseurs d'Instrumens de Mathématiques à Paris, à l'engistrement de toutes Lettres Patentes & Statuts qui pouroient être & avoir été accordez à ladite Communauté des Maîtres Sculpteurs à Paris, pour les causes, raisons & moyens à déduire en tems & lieu. Exploit de signification faite de ladite Opposition à notre Procureur Général, & ausdits Peintres & Sculpteurs. Requête & Demande desdits Directeurs, Corps & Communauté des Arts de Peinture & Sculpture, & Académie de

Saint Luc, du 29. Novembre 1734. à ce qu'il fût ordonné que lesdits Jurez & Communauté des Maîtres Fondeurs seroient tenus de venir conclure sur l'Opposition par eux formée au Greffe de notredite Cour par ledit Acte à l'enregistrement des Lettres Patentes portant confirmation de nouveaux Statuts accordez par Sa Majesté ausdits Peintres ou Sculpteurs; ce faisant qu'ils en seroient déboutez & condamnez aux dépens. Requête & Demande desdits Jurez en Charge & Communauté des Maîtres Fondeurs, du 20. Décembre 1734. à ce qu'ils fussent reçus Parties intervenantes en l'Instance qu'ils avoient appris être pendante en la Cour, entre la Communauté des Maîtres Peintres & Sculpteurs de Paris, la Communauté des Maîtres Evantaillistes à Paris, la Communauté des Maîtres Graveurs, Bezançon & Consors au sujet des Oppositions faites à l'enregistrement des Statuts des Maîtres Peintres & Sculpteurs, Acte leur fût donné de l'emploi du contenu en ladite Requête pour les Moyens d'intervention; faisant droit sur icelle, il fût ordonné qu'ils auroient communication tant de ladite Instance, que des Statuts, pour par eux faire & dire ce qu'il appartiendroit, & prendre après ladite communication telles conclusions qu'ils aviseroient bon être. Arrêt du 29. Septembre 1734. qui auroit reçu lesdits Jurez & Communauté des Fondeurs Parties intervenantes, leur auroit donné Acte de l'emploi porté par leur Requête, & pour faire droit aux Parties, les auroit appointez en droit & joint à ladite Instance. Productions des Parties suivant ledit Arrêt par Requêtes des 4. 7. & 12. Janvier 1735. aussi employées pour Avertissement. Requêtes desdits Directeurs, Corps & Communauté de l'Académie de Saint Luc des 14. & 17. Janvier 1735. employées pour Contredits contre les Productions faites par les Jurez & Communauté des Fondeurs, & les Jurez & Communauté des Evantaillistes, en exécution dudit Arrêt. Sommation faite ausdits Jurez & Communauté des Fondeurs de contredire celle desdits de l'Académie de Saint Luc. Acte d'Opposition du 22. Novembre 1734. faite au Greffe de notredite Cour par les Gardes du Corps des Maîtres & Marchands Orfévres-Joüailliers à Paris, à l'enregistrement de toutes Lettres Patentes & Statuts qui pourroient avoir été ou être accordez à la Communauté des Maîtres Sculpteurs à Paris, & ce pour les causes, raisons & moyens à déduire en tems & lieu, & jusqu'à ce qu'autrement il en ait été ordonné. Requête & Demande des Directeurs, Corps & Communauté des Arts de Peinture & Sculpture, du 17. Septembre 1734.

à ce qu'il fût ordonné que leſdits Gardes du Corps des Maîtres & Marchands Orfévres-Joüailliers à Paris, ſeroient tenus de venir conclure ſur l'Oppoſition par eux formée par ledit Acte du 22. Novembre 1734. à l'enregiſtrement deſdites Lettres Patentes, ſinon qu'ils en ſeroient déboutez & condamnez aux dépens. Requête d'Intervention & Demande deſdits Gardes en Charge du Corps des Marchands & Maîtres Orfévres-Joüailliers à Paris, à ce qu'il leur fût donné Acte de l'emploi du contenu en leur Requête pour moyens d'intervention; faiſant droit ſur icelle, il fût ordonné qu'ils auroient communication deſdits Statuts & Lettres Patentes, pour par eux faire & dire ce qu'il appartiendroit, & prendre telles Concluſions qu'ils jugeroient à propos, & en cas de conteſtation, les Conteſtans fuſſent condamnez aux dépens. Arrêt du 10. Janvier 1735. qui auroit reçu la Communauté des Marchands Orfévres, Partie intervenante, & pour faire droit ſur leur intervention auroit appointé les Parties en droit & joint en ladite Inſtance; pour, en jugeant, y avoir tel égard que de raiſon. Production des Parties ſuivant ledit Arrêt, par leurs Requêtes des 14. & 15. du même mois de Janvier, auſſi employées pour Avertiſſement. Requête deſdits Gardes & Corps des Marchands Orfévres-Joüailliers du 26. Février 1735. employée pour contredits contre la Production deſdits de l'Académie de Saint Luc. Sommation faite auſdits de l'Académie de Saint Luc de contredire la Production des Orfévres. Requête & Demande des Maîtres & Gardes des Marchands Orfévres-Joüailliers, du 9. Mars 1735. à ce qu'en procédant au Jugement de l'Inſtance d'entre eux, la Communauté des Maîtres Peintres & Sculpteurs & autres, il leur fût donné Acte de ce qu'ils déclaroient que par la communication qu'ils avoient priſes de l'Inſtance, & notamment des nouveaux Statuts de ladite Communauté des Maîtres Peintres, Sculpteurs, & des Lettres Patentes à eux accordées par le Roi, portant confirmation deſdits Statuts, ils avoient reconnu qu'il n'y avoit rien de préjudiciable ni de contraire aux Reglemens de l'Orfévrerie, & aux intérêts de leur Corps, & en conſéquence il leur fût pareillement donné Acte de ce qu'ils n'inſiſtoient plus dans l'Oppoſition par eux formée par Acte reçu au Greffe de notredite Cour, le 22. Novembre 1734. à l'enregiſtrement deſdites Lettres Patentes portant confirmation deſdits nouveaux Statuts, même de ce qu'en tant que de beſoin étoit on ſeroit, ils conſentoient la main-levée de ladite Oppoſition, & que nonobſtant icelle il il fût procédé, ſi faire ſe devoit, à l'enregiſtrement deſdites Lettres Patentes en la maniere accoutumée, & en cas de conteſtation, les conteſtans fuſſent condamnez aux dépens; au bas de laquelle Requête, auſſi employée pour Ecritures & Production ſur ladite Demande, eſt l'Ordonnance de notredite Cour qui l'a reglé en droit & joint, & donné Acte de l'emploi y porté. Requête deſdits Directeurs, Corps & Communauté des Arts de Peinture & Sculpture, du 11. du même mois de Mars 1735. employée pour Avertiſſement, Ecritures & Production ſur la ſuſdite Demande, & tendante à ce qu'il leur fût donné Acte de la déclaration faite par leſdits Maîtres & Gardes, Corps & Communauté des Maîtres Orfévres-Joüailliers par leurdite Requête du 9. Mars, qu'ils n'inſiſtoient plus dans l'Oppoſition à l'enregiſtrement des Lettres Patentes ſur nouveaux Statuts accordez à ladite Communauté des Peintres & Sculpteurs, & qu'ils conſentoient la main-levée d'icelle, & en conſéquence il fût paſſé outre à l'enregiſtrement deſdites Lettres Patentes, ce faiſant il fût fait main-levée de l'Oppoſition de ladite Communauté des Orfévres, il fût ordonné qu'il ſeroit paſſé outre à l'enregiſtrement deſdites Lettres Patentes en la maniere accoutumée, leſdits Orfévres fuſſent condamnez aux dépens de l'incident; au bas de laquelle Requête, auſſi employée pour Ecritures & Production ſur ladite Demande, eſt l'Ordonnance de notredite Cour qui a réglé en droit & joint, & donné Acte de l'emploi. Requête deſdits Orfévres du 19. dudit mois de Mars, employée pour Défenſes, Ecritures & Production en exécution de ladite Ordonnance. Requête & Demande deſdits Jurez en Charge & Communauté des Maîtres Fondeurs en terre & ſable, Sonnetiers, Boſſetiers, Ciſeleurs & Faiſeurs d'Inſtrumens de Mathématique, du 26. Mars 1735. à ce que faiſant droit ſur l'Oppoſition par eux formée à l'enregiſtrement des nouveaux Statuts accordez par le Roi à ladite Communauté des Maîtres Peintres & Sculpteurs, & ſur l'Intervention, il fût ordonné que l'Article 3. deſdits Statuts ſeroit réformé, en ce qu'il y eſt dit que les Maîtres Peintres & Sculpteurs pourront faire tous Ouvrages de Sculpture jettez en fonte de cuivre, plomb, étain, &c. que l'Article 4. ſeroit pareillement réformé, en ce qu'il eſt dit que les Maîtres Peintres & Sculpteurs pourront vendre & débiter tous leſdits Ouvrages compris en l'Article 3. du nombre deſquels ſont ceux de cuivre, léton & airain, que l'Article 5. ſeroit pareillement réformé, en ce qu'il est permis aux Maîtres Peintres & Sculpteurs d'apprêter, fabriquer, vendre & débiter tous les Instrumens propres à l'usage des Maîtres Peintres & Sculpteurs, que l'Article 12. desdits Statuts qui fait défenses aux Fondeurs de faire par eux-mêmes aucuns Desseins ou Modéles de Figures ou Ornemens, à peine de 300. livres d'amende & de confiscation des Ouvrages, seroit entierement retranché, en conséquence défenses fussent faites aux Maîtres Peintres & Sculpteurs de jetter en fonte, & jetter aucuns Ouvrages ou Modeles de Sculpture de cuivre, léton & airain, défenses leur fussent pareillement faites de les vendre & débiter, soit dans la Ville de Paris, ou dans l'étendue du Royaume, & d'en faire venir d'autres Pays, & de vendre & fabriquer les Instrumens propres à l'usage des Peintres & Sculpteurs, en cuivre, léton & airain, il fût ordonné que les Statuts de ladite Communauté des Maîtres Fondeurs, & notamment les Articles 13. & 15. d'iceux seroient exécutez selon leur forme & teneur, en conséquence lesdits Jurez & Communauté des Fondeurs fussent maintenus & gardez dans la possession où ils sont seuls de fondre les Ouvrages & Modeles de Sculpture en cuivre, léton & airain, & les réparer, ciseler, retoucher jusqu'à leur entiere perfection, de vendre & débiter les susdits Ouvrage de cuivre, léton & airain; de faire toutes sortes de Modeles, & généralement toutes sortes d'Ouvrages de cuivre, léton ou airain, & lesdits Maîtres Sculpteurs & tous autres qui contesteroient, fussent condamnez aux dépens envers les Fondeurs, même en ceux par eux faits contre les autres Parties; au bas de laquelle Requête, aussi employée pour Avertissement, Ecritures & Production sur ladite Demande, est l'Ordonnance de notredite Cour qui l'a réglé en droit & joint, & donné Acte de l'emploi. Requête desdits Directeurs, Corps & Communauté des Peintres & Sculpteurs & Académie de Saint Luc, du 20. Avril 1735. employée pour Défenses, Avertissement, Ecritures & Productions, suivant ladite Ordonnance, & contenant Demande à ce qu'il fût donné Acte aufdits de l'Académie de Saint Luc, de leurs déclarations qu'ils n'avoient jamais entendu & n'entendoient point entreprendre, faire ni vendre aucuns Instrumens de Mathématique, comme Regles, Compas, & autres choses semblables; ce faisant, les Fondeurs fussent déboutez de leurs Oppositions & Demandes, & condamnez aux dépens; au bas de laquelle Requête est l'Ordonnance de notredite Cour qui a donné Acte de l'emploi y porté, & au surplus auroit réservé d'y faire droit en jugeant. Requête desdits Jurez & Communauté des Graveurs, du 23. Mai 1735. employée pour Défenses contre la Demande desdits Fondeurs du 26. Mars précédent, Ecritures & Production sur icelle. Production nouvelle desdits Jurez & Communauté des Fondeurs par Requête du 4. Avril 1736. & Contredits contre icelle desdits Jurez, Corps & Communauté, & Académie de Saint Luc, du 19. du même mois. Requête desdits Jurez & Communauté des Fondeurs, du 7. Mai suivant, employée pour Salvations. Additions de Contredits du 26. Mai 1734. fournis par lesdits Directeurs, Corps & Communauté des Peintres & Sculpteurs, contre lesdits Jurez & Communauté des Fondeurs. Production nouvelle desdits Jurez & Communauté des Maîtres Graveurs, par Requête du 20. Mai 1735. & Contredits contre icelle desdits Directeurs, Corps & Communauté des Peintres & Sculpteurs du 26. Juin audit an. Requête & Demande desdits Jurez & Communauté des Maîtres Graveurs, du 20. Mai 1736. à ce qu'ils fussent reçus Opposans à l'enregistrement des nouveaux Statuts des Maîtres Peintres; faisant droit sur leurs Oppositions, il fût ordonné que les termes de Gravûre & de Graveur insérez dans l'intitulé des Statuts des Maîtres Peintres, & dans les Articles 3. 6. 12. 15. 16. 17. 26. 28. 30. 46. 55. 62. & 70. seroient rayez, il fût ordonné pareillement que les Statuts des Maîtres Graveurs enregistrez en notredite Cour le 15. Mai 1662. seroient exécutez selon leur forme & teneur; ce faisant, lesdits Graveurs fussent maintenus & gardez dans le droit qu'ils ont, à l'exclusion de tous autres, de tailler, graver sur argent, cuivre, léton & autres métaux, tous Sceaux, Cachets, Marques particulieres, Chiffres, soit en creux, relief, poinçons de frise, & autres ornemens, défenses fussent faites aux Maîtres Peintres de se dire Maîtres Graveurs, de s'immiscer dans l'Art de Gravûre, ni d'entreprendre aucune chose sur ledit Art de Gravûre, & lesdits Maîtres Peintres fussent condamnez aux dépens; au bas de laquelle Requête, aussi employée pour Avertissement, Ecritures & Production sur ladite Demande, est l'Ordonnance de notredite Cour qui l'a réglé en droit & joint, & donné Acte de l'emploi. Requête desdits Directeurs, Corps & Communauté des Peintres & Sculpteurs, du 9. Juin 1735. employée pour Défenses, Avertissement, Ecritures & Production nouvelle desdits Jurez & Communauté des Fondeurs, par

Requête du 23. Juin 1735. & Contredits contre icelle desdits Directeurs, Corps & Communauté de l'Académie de Saint Luc des Arts de Peinture & Sculpture, du 14. Juillet audit an. Requête & Demande desdits Bezançon, Tremblain, Roussel, Fontaine, Lefebvre, de la Haye, Passinge, Delaunay & Consors, du 21. Juin 1736. à ce qu'il leur fût donné Acte de la déclaration qu'ils faisoient par ladite Requête, qu'ils n'avoient jamais entendu s'opposer à la prohibition portée par l'Article 39. des nouveaux Statuts de ladite Communauté en ce qui concerne les Pieds de Tables, Corniches, & autres Ouvrages de Sculpture de pareilles especes, & qu'ils n'avoient jamais prétendu en aucune façon qu'il fût permis de faire des Pieds de Tables, Corniches, & autres Ouvrages de Sculpture, desdites matieres de composition, mais seulement en ce qui concerne les Bordures de composition, en conséquence procédant au Jugement de l'Instance, il fût pareillement donné Acte ausdits Bezançon, Tremblain & Consors, de ce qu'en rectifiant leurs Conclusions en ce Chef, & au surplus les Conclusions par eux prises en l'Instance leur fussent adjugées avec dépens; au bas de laquelle Requête est l'Ordonnance de notredite Cour, ait Acte & en jugeant. Requête desdits Directeurs, Corps & Communauté des Arts de Peinture & Sculpture, & Académie de Saint Luc, du 13. dudit présent mois, employée pour Défenses contre la Demande en jugeant desdits Bezançon & Consors du 12. dudit mois. Les Mémoires imprimez des Parties. Acte de rédistribution de l'Instance. Sommations générales de satisfaire à tous les Arrêts, Ordonnances & Reglemens d'icelle. Conclusions de notre Procureur Général; tout joint & considéré : NOTREDITE COUR faisant droit sur le tout, ayant aucunement égard aux Oppositions, Intervention & Demandes des Jurez & Communauté des Graveurs, ordonne que les Lettres Patentes accordées à la Communauté des Peintres & Sculpteurs, & Académie de Saint Luc, portant confirmation de nouveaux Statuts, ne seront enregistrées qu'à la charge que les défenses générales portées par l'Article 6. desdits nouveaux Statuts ne pourront s'entendre ni avoir lieu, à l'égard de la Communauté des Graveurs en ce qui concerne la Gravûre sur tous métaux, ni que sous prétexte des dénominations & qualitez de Graveurs & l'Art de Gravûre, employées tant dans l'intitulé desdits nouveaux Statuts, que dans aucuns desdits Articles qui les composent, lesdits Peintres & Sculpteurs puissent se donner aucun droit de graver ni tailler sur aucuns métaux en quelque sorte & maniere que ce puisse être ; ce faisant, ordonne que les Statuts de ladite Communauté des Graveurs du mois de Juin 1660. & Arrêt d'enregistrement d'iceux du 15. Mai 1662. seront executez selon leur forme & teneur ; en consequence maintient & garde lesdits Jurez & Communauté des Graveurs dans le droit exclusif de tailler & graver sur or, argent, cuivre, léton & autres métaux, tous Sceaux, Cachets, Marques particulieres, Chiffres, soit en creux, relief, poinçons de frise, bordures & autres ornemens ; Déboute les Jurez & Communauté des Evantaillistes de l'Opposition par eux formée à l'enregistrement des Lettres Patentes, ensemble de leurs Demandes, & néanmoins ordonne que conformément à l'Arrêt de notredite Cour du premier Septembre 1731. lequel sera exécuté selon sa forme & teneur, lesdits Peintres ne pourront vendre les Evantails qu'ils sont autorisez de peindre par ledit Arrêt, à d'autres qu'aux Merciers Marchands & aux Maitres Evantaillistes, & qu'à cet effet il seront tenus d'avoir un Registre sur lequel ils inscriront les noms des Marchands Merciers & des Evantaillistes ausquels ils vendront les feüilles & les bâtons ou bois d'Evantails qu'ils auront peints ou mis en couleur, & en cas de contraventions, pourront lesdits Jurez Evantaillistes aller en visite chez les Peintres, assistez toutesfois de l'un des Commissaires au Châtelet, & après en avoir préalablement obtenu la permission du Lieutenant de Police ; & en tant que touche l'Appel interjetté par lesdits Directeurs, Corps & Communauté des Peintres & Sculpteurs & Académie de Saint Luc, de la Sentence du Lieutenant de Police du 21. Mai 1733. a mis & met l'Appellation au neant, émendant, donne Acte ausdits Bezançon & Consors, de leur déclaration portée par Requête du 12. Janvier dernier, qu'ils n'ont jamais entendu s'opposer à la prohibition portée par l'Article 39. desdits nouveaux Statuts pour ce qui concerne les Pieds de Tables, Corniches & autres Ouvrages de Sculpture de pareilles especes *de matieres de composition* ; en conséquence sur leurs Oppositions & Demandes à cet égard, met les Parties hors de Cour ; ordonne néanmoins que les Bordures *de matieres de composition*, faisant partie des Ouvrages prohibez par ledit Article 39. demeureront exceptées de ladite prohibition, & que lesdits Bezançon, Fontaine, Tremblain, & autres Peintres & Sculpteurs, pourront continuer à les faire, à la charge que *les matieres de composition* qu'ils employeront à faire lesdites Bordures, seront dures, bien mastiquées & non de plâtre; qu'ils seront tenus de mettre & d'inscrire au revers desdites bordures ces mots (OUVRAGE DE COMPOSITION), & d'y ajoûter leurs noms, en sorte que l'écriture soit apparente; ayant aucunement égard au surplus de l'Opposition & Demandes desdits Bezançon & Consors, en ce qui concerne les Articles 64. & 69. desdits nouveaux Statuts, ordonne que lesdits deux Articles seront & demeureront supprimez, & qu'au lieu dudit Article 64. l'Arrêt de notredite Cour du 16. Décembre 1724. confirmatif de la Sentence du Lieutenant de Police du 27. Juin précedent, sera exécuté selon sa forme & teneur; en conséquence, que conformément aux Articles 6. 7. & 8. des anciens Statuts de ladite Communauté des Peintres & Sculpteurs, les Maîtres d'icelle pourront employer l'argent verni dans les Bordures, Pieds de Tables, de Chaises, & autres Ouvrages généralement quelconques, à la charge par eux d'inscrire au revers desdits Ouvrages ces mots: (ARGENT VERNI SANS OR), & d'y ajoûter leurs noms, en sorte que l'écriture soit apparente, & aussi à la charge par eux de porter lesdits Ouvrages au Bureau de la Communauté des Peintres & Sculpteurs, pour y être par les Jurez d'icelle marquez au revers d'un fer chaud, afin que le Public ne puisse à l'avenir s'y méprendre; déboute Pierre Contat & Consors, & Jacques Cressé des Oppositions par eux formées à l'enregistrement des Lettres Patentes, ensemble de leurs Demandes, Fins & Conclusions; ordonne néanmoins qu'il sera ajoûté à l'Article 49. desdits nouveaux Statuts, que les Filles & Femmes aspirantes à la Maîtrise, ne pourront être reçûes Maîtresses qu'elles ne soient âgées au moins de dix-huit ans, à l'exception toutesfois des Filles de Maîtres; ordonne pareillement qu'il sera ajoûté à l'Article 50. desdits nouveaux Statuts concernant le Chef-d'œuvre, que les Jurez & Gardes de ladite Communauté des Peintres & Sculpteurs se transporteront le plus souvent qu'il se pourra, & sans frais, chez les Aspirans pour les voir travailler au Chef-d'œuvre qu'ils doivent présenter; faisant droit sur le Réquisitoire de notre Procureur Général, fait défenses ausdits Jurez & Gardes des Peintres & Sculpteurs de donner à l'avenir des permissions par écrit tant aux Filles & Femmes, qu'aux Hommes & Garçons, de travailler de ladite Profesſion avant qu'ils ayent été reçûs Maîtres ou Maîtreſſes, ou prêté ſerment, & prenant & recevant d'eux des à comptes ſur leur Maîtriſe, & ce ſous peine de deſtitution de la Jurande; donne Acte aux Maîtres & Gardes du Corps des Marchands Orfévres-Joüailliers de leur déclaration portée par Requête du 9. Mars 1735. que dans leſdits nouveaux Statuts il n'y a rien de contraire aux Reglemens de l'Orfévrerie, ni aux intérêts de leur Corps, & qu'ils n'inſiſtoient plus dans leur Oppoſition; en conſéquence ſur ladite Oppoſition & ſur leur Intervention & Demande, met les Parties hors de Cour; comme auſſi donne Acte auſdits Directeurs, Corps & Communauté des Peintres & Sculpteurs, de leur déclaration portée par Requête du 20. Avril 1735. qu'ils n'ont point entendu par l'Article 5. deſdits nouveaux Statuts, ni n'entendent point encore entreprendre de faire ni vendre aucuns Inſtrumens de Mathématique, comme Regles, Compas & autres choſes ſemblables; en conſéquence, ſur l'Oppoſition formée par les Jurez & Communauté des Fondeurs à l'enregiſtrement deſdites Lettres Patentes, & ſur leurs Demandes à cet égard, met les Parties hors de Cour; ſur le ſurplus des Oppoſitions & Demandes deſdits Jurez & Communauté des Fondeurs, met auſſi les Parties hors de Cour, ſauf à eux conformément à l'Arrêt de notredite Cour du 11. Juin 1704. à ſe retirer pardevers le Roi pour obtenir des Lettres Patentes portant union des deux Communautez, ou telles autres diſpoſitions que ledit Seigneur Roi jugera à propos, à l'effet de mettre les Maîtres deſdits Arts & Métiers de Sculpteurs & Fondeurs en état de porter par eux-mêmes leurs Ouvrages à leur plus haute perfection; au ſurplus, ordonne qu'il ſera paſſé outre à l'enregiſtrement deſdites Lettres Patentes, & à l'homologation deſdits nouveaux Statuts, ſi faire ſe doit; & ſur le ſurplus de toutes les autres Demandes, Fins & Concluſions, met les Parties hors de Cour & de Procès, tous dépens compenſez entre leſdits de l'Académie de Saint Luc, leſdits Jurez & Communauté des Graveurs, leſdits Maîtres & Gardes des Maîtres Orfévres Joüailliers, leſdits Jerez & Communauté des Fondeurs, leſdits Bezançon, Fontaine, Tremblain & Conſors, & ledit Jacques Creſſé; condamne leſdits Contat & Conſors, & les Jurez & Communauté des Evantailliſtes, chacun à leur égard, en tous dépens envers leſdits de l'Académie de Saint Luc; permet auſdits Directeurs de l'Académie de Saint Luc de faire imprimer, ſi bon leur ſemble, le préſent

Arrêt aux frais & dépens de leur Communauté ; ordonne qu'il ſera lû, publié, l'Audiance tenante, au Châtelet de Paris : Si te mandons mettre le préſent Arrêt à dûe & entiere exécution, de ce faire te donnons pouvoir. DONNE' à Paris en notredite Cour de Parlement le vingtiéme Juin, l'an de grace mil ſept cent trente-ſix, & de notre Regne le vingtiéme. Collationné. DAUVERGNE. Signé par la Chambre, DUFRANC.

Me LE VACHER, *Procureur des Directeurs, Communauté, & Académie de Saint Luc.*

ARREST

ARREST DU CONSEIL D'ESTAT DU ROY,

Du 27. Septembre 1723.

Rendu en faveur de la Communauté des Arts de Peinture & Sculpture.

Extrait des Registres du Conseil d'Etat.

SUR la Requête présentée au Roi en son Conseil par la Communauté des Peintres & Sculpteurs de la Ville de Paris, sous le titre d'Académie de Saint Luc; CONTENANT, que Sa Majesté ayant, en faveur de son Avenement à la Couronne, & de son Sacre, créé & rétabli par son Edit du mois de Novembre 1722. des Lettres de Maîtrises de chaque Art & Métier dans toutes les Villes du Royaume où il y a Maîtrise & Jurande, le Préposé à l'exécution dudit Edit a prétendu être en droit de vendre huit Maîtrises de Peintres, & huit Maîtrises de Sculpteurs dans la Ville de Paris, sous prétexte que Sa Majesté n'a pas spécialement excepté de ladite création les Arts de Peinture & Sculpture, ainsi qu'elle a jugé à propos de le faire à l'égard des Chirurgiens, Apothiquaires & Orfévres. Ils doivent cependant en être exceptez avec d'autant plus de juste titre, que le feu Roi LOUIS XIV. ordonna par Lettres Patentes du 28. Décembre 1654. enregistrées au Parlement le 23. Juin 1655. que la Communauté des Peintres & Sculpteurs ne seroit point comprise dans toutes les

Créations qui pourroient être faites à l'avenir, sous quelque prétexte que ce fût ; & ce, afin que personne ne pût être admis dans lesdits Arts que par la seule capacité & expérience ; il ordonna même par lesdites Lettres, qu'en cas qu'il fût vendu quelques Lettres de Maîtrises desdits Arts, que l'on n'y auroit aucun égard. Cette exception a encore été confirmée par autres Lettres Patentes du même Roi Louis XIV. datées du mois de Janvier 1655. enregistrées au Parlement & au Châtelet, à la requête des Supplians, ce qui donna lieu à un Arrêt du Parlement rendu le 12. Décembre 1668. contre Charles de la Roche, qui avoit obtenu (en finançant) des Lettres de Maîtrise pour ladite Communauté, auquel défenses furent faites de s'en servir, & de se faire recevoir Maître que conformément aux Statuts & Reglemens desdits Arts. Les mêmes motifs qui porterent le feu Roi à ne point comprendre les Arts de Peinture & Sculpture dans les différentes Créations de Lettres de Maîtrises, qu'il jugea à propos de faire, subsistent encore aujourd'hui, & la différence essentielle qui se trouve entre les Arts liberaux (dont la Peinture & Sculpture sont le plus bel ornement) & les Arts grossiers & mécaniques, qui font l'objet de la Création portée par l'Edit du mois de Novembre, ne permet pas de douter que ce n'ait été par erreur que les premiers ont été confondus avec les derniers. En effet, cette Communauté étant préposée pour diriger une Ecole de Dessein, en conséquence de la Déclaration du 17. Novembre 1705. qui lui en accorde l'exercice, a besoin de Sujets capables pour donner les Leçons de Dessein, Géométrie, Architecture, Peinture, Sculpture, Perspective & Anatomie, qu'elle donne gratuitement & avec succès. Cette Ecole qui devient de jour en jour plus nombreuse & plus florissante (sans être à charge à Sa Majesté) s'aviliroit, si l'on admettoit dans lesdits Arts des personnes sans expérience ni capacité, qui ne devroient leur Reception qu'à la finance qu'ils auroient payée. Des Titres & des motifs si légitimes, joint à la protection que cet Art mérite, font espérer aux Supplians que Sa Majesté voudra bien les confirmer dans les Privileges qui leur ont été accordez ; déclarer qu'ils ne seront point compris dans la Création des Lettres de Maîtrises ordonnée par l'Edit du mois de Novembre dernier, & défendre de les y comprendre à l'avenir, sous quelque titre & prétexte que ce soit. Veu ladite Requête, ensemble les Lettres Patentes des mois de Décembre 1654. & Janvier 1655. & la Déclaration du 17. Novembre 1705. Sa Majesté voulant traiter favorablement ladite Académie de Peinture & Sculpture, & l'exciter à redoubler ses soins pour l'instruction de ses Eleves : OUI le Rapport du Sieur DODUN, Conseiller ordinaire au Conseil Royal, Contrôleur Général des Finances. LE ROY EN SON CONSEIL, a confirmé & confirme les Lettres Patentes des mois de Décembre mil six cent cinquante-quatre & Janvier mil six cent cinquante-cinq, données en faveur de la Communauté des Peintres & Sculpteurs de la Ville de Paris ; & en conséquence, Sa Majesté a déclaré & déclare n'avoir entendu comprendre lesdits Arts de Peinture & de Sculpture dans la Création de Lettres de Maîtrises ordonnée par l'Edit du mois de Novembre mil sept cent vingt-deux. VEUT Sa Majesté qu'ils soient exceptez de toutes Créations qui pourroient être faites à l'avenir, sous quelque prétexte que ce soit, & défend à Martin Girard, chargé de la vente des Maîtrises créées par l'Edit du mois de Novembre dernier, & à ses Commis & Préposez, de vendre aucunes Lettres de Maîtrises de Peinture ou Sculpture, sous quelque cause & prétexte que ce soit, au moyen de quoi il ne pourra être reçû aucun Maître desdits Arts que suivant & conformément aux Statuts & Reglemens de ladite Communauté, à la charge par elle de continuer gratuitement les Leçons de Dessein, Peinture, Architecture, Géométrie, Sculpture, Perspective & Anatomie, qu'elle est dans l'usage de donner, en exécution de la Déclaration du dix-sept Novembre mil sept cent cinq. FAIT au Conseil d'Etat du Roi, tenu à Versailles le vingt-septiéme jour de Septembre mil sept cent vingt-trois. Collationné. *Signé*, RANCHIN.

LE huitiéme jour d'Octobre mil sept cent vingt-trois, à la requête de la Commnnauté des Peintres & Sculpteurs de la Ville de Paris, sous le titre d'Academie de Saint Luc, qui ont élû leur domicile en leur Bureau à Paris, rue du Haut-Moulin, près Saint Denis de la Chartre, le présent Arrêt du Conseil a été signifié, & d'icelui laissé Copie, aux fins y contenues, au Sieur Martin Girard, chargé de la vente des Maîtrises créées par Edit du mois de Novembre dernier, & à ses Commis & Préposez, en son Bureau à Paris, scis rue Sainte Anne, près la Butte Saint Roch, parlant à un Commis dudit Bureau, à ce qu'ils n'en ignorent, &

ayent à y déferer, par nous Huissier ordinaire du Roi en ses Conseils. Signé, BRISSET.

Le présent Arrêt a été obtenu à la poursuite & diligence des Sieurs JACQUES DROPSY, CLAUDE LEVEILLY, JACQUES PELLETIER & FRANÇOIS LE ROI, Jurez-Gardes en Charge.

DELIBERATION

DE la Communauté des Maîtres Peintres-Sculpteurs de l'Académie de Saint Luc, homologuée par Arrêt du Parlement, au sujet des Compagnons travaillans des Arts de Peinture & Sculpture.

CE jourd'hui neuf Mars mil sept cens quarante-huit, en présence de la Compagnie générale, Messieurs les Directeurs de présent en Charge ont représenté qu'ils viennent d'apprendre qu'il s'est élevé à Versailles une sédition de la part des Compagnons travaillans aux Ouvrages des Arts de Peinture & Sculpture, qui ont prétendu faire la loi aux Entrepreneurs des Travaux du Roy, & fixer le prix, tems & durée de leurs journées, & les heures ausquelles ils commenceront & finiront leur travail, qu'il se trame même tous les jours entre lesdits Compagnons de nouvelles intrigues & de nouveaux projets à ce sujet. Et comme une pareille conduite est non-seulement contraire à la disposition de l'Article LXXI. des Statuts de la Communauté homologués en Parlement, & aux Jugemens précédemment rendus, qui défendent ausdits Compagnons de faire aucune brigue pour fixer le prix de leurs journées; mais encore, comme pareille conduite peut être d'une conséquence très-dangereuse & préjudiciable aux intérêts du Public, de l'Etat & des Maîtres de ladite Communauté, les Directeurs croyent qu'il seroit nécessaire de prévenir de pareils désordres, & en expliquant l'Article LXXI. desdits Statuts, de faire sur la discipline qui doit être observée à ce sujet, une loi stable & inviolable, conforme à ce qui s'eſt obſervé juſqu'à préſent, à ce qui s'obſerve dans les autres Communautés, & convenable tant à l'intérêt des Compagnons eux-mêmes, qu'à celui des Maîtres & du Public. Surquoi la matiere miſe en délibération, la Compagnie eſt d'avis, ſous le bon plaiſir de Noſſeigneurs de Parlement, de ce qui ſuit :

ARTICLE PREMIER.

Que les Compagnons Sculpteurs, Marbriers, Doreurs & gens d'Impreſſion travaillans deſdits Arts de Peinture & Sculpture, doivent commencer leurs journées en tout tems à ſix heures préciſes du matin.

ARTICLE II.

L'Arrêt accorde une demie-heure de plus au dîner.

Qu'a huit heures ils doivent prendre une demie heure pour déjeûner, & rentrer au travail à huit heures & demie ; qu'à midi ils doivent prendre une heure pour dîner, & rentrer au travail à une heure.

ARTICLE III.

Qu'ils ne doivent finir leur journée qu'à ſept heures du ſoir ſonnées, en ſorte que la journée ſoit de onze heures & demie de travail.

ARTICLE IV.

Qu'ils doivent commencer à travailler le ſoir à la lumiere, depuis le neuf de Septembre, lendemain de Notre-Dame, juſqu'au premier d'Avril de chaque année.

ARTICLE V.

L'Arrêt accorde une demie-heure de plus pour la colation.

Que les veilles, ſi les travaux le requierent, commenceront à ſept heures du ſoir, & finiront à minuit, pendant lequel tems leſdits Compagnons ne doivent prendre qu'une demie heure pour faire colation.

ARTICLE VI.

Que les veilles doivent être payées ſur le pied d'une demie journée, à moins que lesdits Maîtres ne jugent à propos de les étendre plus loin, & en ce cas de les payer comme journée.

ARTICLE VII.

Que lesdits Compagnons doivent remplir ledit tems & heures de travail ci dessus, à peine d'être diminués sur le prix de leurs journées, à proportion du tems qu'ils n'auront pas travaillé.

ARTICLE VIII.

Que pour prévenir les abus qui se commettent, & pour maintenir la regle, aucun compagnon ne doit être reçû à travailler chez un Maître, qu'au préalable il n'ait justifié du Billet de sortie du Maître chez lequel il aura travaillé, à peine contre ce Compagnon d'interdiction pour trois mois, & contre le Maître qui le recevra, de cent livres d'amende, applicable moitié à l'Hôpital Général, moitié à la Confrairie de la Vierge érigée en la Chapelle de S. Luc.

Les Compagnons Maîtres & les Eléves de l'Académie en sont exceptés par l'Arrêt.

ARTICLE IX ET DERNIER.

Que néanmoins en cas de refus, sans cause légitime de la part du Maître de donner à leurs Compagnons un billet de sortie, il pourra se retirer par-devers les Directeurs en Charge, qui, sur le refus du Maître, & après s'être instruits des causes, pouront donner aux Compagnons un billet de sortie.

Les Directeurs tenus de juger dans le jour la validité du refus des Maîtres de donner un Billet de sortie.

Lesquels Articles, ladite Compagnie supplie Nosseigneurs de Parlement d'agréer & homologuer pour joindre aux Statuts, comme nécessaires pour maintenir le bon ordre, & à ces fins ont donné pouvoir aux Directeurs en Charge d'en poursuivre l'homologation, & requerir que l'Arrêt qui interviendra soit imprimé, publié & affiché, à ce que personne n'en puisse prétendre cause d'ignorance, & chacun en droit soi, ait à s'y conformer sous les peines y portées, & ont signé. Vérifié sur l'Original, par moi soussigné Secrétaire de la Compagnie. *Signé*, BADE', avec paraphe; pour copie, GILLET DES AULNOIS. *A coté est écrit:* Controllé à Paris le 11 Mars 1748, reçû 12 f. *Signé*, BLONDELU, avec paraphe.

LOUIS PAR LA GRACE DE DIEU ROY DE France & de Navarre, au premier des Huissiers de notre Cour de Parlement, ou autre Huissier ou Sergent sur ce requis: Sçavoir faisons; qu'entre Nicolas-Joseph Maria, François Soret, Nicolas-Marrin Rondel, François Marbel, Jean-François Pitoin, & autres Compagnons Sculpteurs, au nombre de vingt-deux, demandeurs en Requête du 11 Juin 1748 à fin d'opposition à l'Arrêt du 4 Mai précédent, portant homologation d'une délibération de la Communauté des Peintres-Sculpteurs du 9 Mars aussi précédent, & défendeurs d'une part; & les Directeurs en Charge de la Communauté & Académie des Peintres-Sculpteurs de Paris, défendeurs & demandeurs en Requête du 15 dudit mois de Juin, à ce que lesdits opposans fussent déclarés non-recevables dans leurs oppositions avec dépens, d'une part; & entre Gruand Desmarais, Georges Levesque, Michel Ales, Claude Dantaut, Charpentier, Boudou, Fabre, tous Modernes & jeunes Maîtres de ladite Communauté, & Capron Collet, Duclos Robert, & autres Compagnons Peintres au nombre de vingt-deux, demandeurs en Requête du 18 Juin audit an, afin d'opposition au même Arrêt d'homologation, & défendeurs d'une part; & les Directeurs en Charge de ladite Communauté & Académie, défendeurs & demandeurs en Requête du 19 dudit mois de Juin, à ce qu'ils fussent déclarés non-recevables dans leurs oppositions d'autre part; & encore lesdits Nicolas-Joseph Maria & consorts, Compagnons Sculpteurs, défendeurs d'autre part; & entre François Barbé, Jean-Jacques Poret, & autres Compagnons Sculpteurs, au nombre de quarante-cinq, demandeurs en Requête du 21 du même mois de Juin, afin d'intervention & opposition au même Arrêt d'homologation, d'une part; & lesdits Directeurs de ladite Communauté & Académie, défendeurs d'autre part; & entre lesdits Modernes & jeunes Maîtres Peintres-Sculpteurs susnommés, lesdits Compagnons Peintres, & les Compagnons Sculpteurs, demandeurs chacun en Requête du 26 du même mois de Juin, à ce que faisant droit sur leur opposition, l'Arrêt d'homologation & délibération, fussent déclarées nulles à leur égard, & l'Arrêt imprimé & affiché, & autres conclusions, & défendeurs d'une part; & lesdits Directeurs de ladite Communauté & Académie, défendeurs & demandeurs en Requête du 9 Juillet audit an, d'autre part; & entre lesdits Compagnons Sculpteurs, demandeurs en Requête du 6 Septembre audit an; & lesdits

Compagnons Peintres, demandeurs en Requête du 2 Janvier dernier, afin de dénonciation au Procureur Général du Roy, des abus introduits dans ladite Communauté des Peintres-Sculpteurs, d'une part; & lesdits Directeurs de ladite Communauté & Académie, défendeurs d'autre part; & entre Jean-Jacques Spoede Peintre, Jacques Touvenain Sculpteur, Recteurs de l'Académie de Saint Luc, Pierre-Paul Merel, Pierre Lange, Louis-Claude Dumesnil, Louis-Pierre Dumesnil, de Bruine, & Nicolas Rebillé, tous Professeurs de ladite Académie, Jean-Baptiste Dupont, Jean-Baptiste Vannerven, Pierre Blondeau, Joseph Desmarais, Liebault, & Nicolas Vennevault, tous Adjoints, demandeurs en Requête du 14 Janvier dernier, afin d'intervention & opposition, tant à la délibération dont est question, qu'à l'Arrêt d'homologation d'icelle, & à ce qu'il soit fait une nouvelle assemblée de toute la Communauté, présence d'un Substitut du Procureur Général, pour y être délibéré ainsi que de raison, & la délibération rapportée, ordonné ce qu'il appartiendra d'une part; & les Directeurs de ladite Communauté & Académie, & les Compagnons Peintres-Sculpteurs, & les Maîtres Peintres susnommés, tous défendeurs d'autre part, après que Jouhannin, Avocat des Directeurs en Charge & Communauté des Maîtres Peintres-Sculpteurs de l'Académie de Saint Luc, Buirette, Avocat de Nicolas-Joseph Maria & consorts, Compagnons Sculpteurs, Soyer, Avocat de Gruant & consorts, Capron & consorts, & Prunget, Avocat de Jacques-Jean Spoede & consorts, ont été oüis; ensemble, Joly de Fleury pour notre Procureur Général, & qu'il en a été délibéré.

NOTREDITE COUR reçoit les Intervenans parties intervenantes, au principal, reçoit les Parties de Buirette, Soyer & Prunget, opposantes à l'Arrêt sur Requête du 4 May 1748, portant homologation de la délibération du 9 Mars précédent, en ce que par l'Article II. de ladite délibération, il n'est accordé aux Compagnons Peintres-Sculpteurs, qu'une heure pour diner; en ce que par l'Article V. il ne leur est accordé qu'une demie-heure pour faire collation dans le cas de veille, & en ce que les Maîtres travaillans comme Compagnons, & les Eléves de l'Académie n'ont pas été exceptés des Articles VIII. & IX. de ladite délibération, faisant droit sur ladite opposition à cet égard, & ayant aucunement égard aux Requêtes & demandes des Parties;

ordonne que lesdits Articles II. V. VIII. & IX. de ladite délibération seront réformés; en conséquence, qu'il sera donné auxdits Compagnons Peintres-Sculpteurs une heure & demie pour dîner, ensorte que la journée sera d'onze heures de travail, au lieu d'onze heures & demie, & une heure pour faire collation dans le cas de veille, au lieu d'une demie-heure; & que tous les Compagnons Peintres-Sculpteurs seront astraints au Billet de sortie, à l'exception des Compagnons qui seront reçûs Maîtres en la Communauté, & des Eleves de l'Académie, lesquels Eleves ne seront exempts que sur le Certificat des Professeurs, qu'ils sont Eleves de l'Académie, à l'effet de quoi lesdits Eleves seront tenus de se faire inscrire pendant deux années consécutives sur un Registre qui sera déposé au Bureau, & tenu par le Clerc de la Communauté, qui inscrira fidelement & exactement le nom des Eleves qui se présenteront munis d'un Certificat des Professeurs de l'Académie; enjoint aux Maîtres de la Communauté, de donner dans les vingt-quatre heures au Compagnon qui sortira de chez lui, ou qu'ils renverront un Billet de sortie, ou les causes de leur refus, duquel Billet de sortie ou des causes de refus, les Directeurs seront tenus dans le jour de juger de la validité, même de donner un Billet de sortie s'ils le jugent ainsi à propos, sauf en cas de difficulté à se pourvoir par-devant le Lieutenant Général de Police; ordonne au surplus que ladite Délibération & Arrêt d'homologation d'icelle seront exécutés selon leur forme & teneur; & pour faire droit sur les abus prétendus introduits dans la Communauté, ordonne que les Parties seront tenues de remettre leurs Mémoires entre les mains du Procureur Général du Roy, pour sur ses Conclusions, être par la Cour statué ce qu'il appartiendra, dépens entre les Parties compensés: permet aux Parties de Jouhannin de faire imprimer & afficher le présent Arrêt. MANDONS mettre le présent Arrêt à exécution. DONNE' en notredite Cour de Parlement le 12 Mars, l'an de grace 1749, & de notre Regne, le trente-quatriéme. *Collationné*, LAURENT, par la Chambre. *Signé*, DU FRANC.

Le présent Arrêt a été obtenu à la poursuite & diligence des Sieurs JEAN-BAPTISTE POULLET, FRANÇOIS JOULLAIN, EUGENE FRANÇOIS MAGNY, & NICOLAS FELIX ADAN, Directeurs-Gardes en Charge.

TABLE
DE CE QUI EST CONTENU dans ce Recueil.

LETTRES PATENTES *qui approuvent & confirment les nouveaux Statuts de la Communauté des Peintres & Sculpteurs de l'Académie de S. Luc*, pag. 1

NOUVEAUX REGLEMENS *accordez aux Directeurs, Corps & Communauté de l'Académie de Saint Luc, des Arts de Peinture, Sculpture, Gravure, Dorure, Marbrerie, Desseins lavez de coloris sur toutes sortes de papiers, toiles, canevas & autres choses sur lesquelles le Peinceau peut & doit employer de la couleur, soit en huile ou en détrempe, dans l'étendue de la Ville, Fauxbourgs & Banlieue de Paris*, 3

REGLEMENT *qui concerne seul & en particulier l'Académie de Saint Luc*, 27

ARREST *d'enregistrement desdits Statuts & Reglemens du 30 Janvier 1738*, 35

ARREST *de la Cour de Parlement, qui fait main-levée des Oppositions faites à l'enregistrement des Lettres Patentes & nouveaux Statuts accordez par le Roy à la Communauté & Académie de Saint Luc, du 20 Juin 1736.* 39

ARREST *du Conseil d'État du Roy du 27 Septembre 1723. rendu en faveur de la Communauté des Arts de Peinture & Sculpture*, 65

DE'LIBERATION *de la Communauté des Maîtres Peintres-Sculpteurs de l'Académie de Saint Luc, homologuée par Arrêt du Parlement du 12 Mars 1749, au sujet des Compagnons travaillans des Arts de Peinture & Sculpture*, 69

De l'Imprimerie de D'HOURY, Imprimeur-Libraire de M. le Duc d'Orleans, & Imprimeur de l'Académie de Saint Luc, rue vieille Bouclerie. 1749.

www.ingramcontent.com/pod-product-compliance
Ingram Content Group UK Ltd.
Pitfield, Milton Keynes, MK11 3LW, UK
UKHW021819190726
13853UKWH00003B/1076